묻는 철학, 답하는 종교

하카리 요시하루量 義治 지음

김청균 옮김

어문학사

학술문고 간행에 즈음하여

본서는 원래 방송대학의 교재로 오랜 기간에 걸쳐 사용되었다. 그때의 서명은 『종교의 철학宗教の哲学』이었다. 그러나 이번에 학술문고로 채택하기로 하면서 서명을 『종교철학입문宗教哲学入門』*이라고 개정하였다.

이 개명은 편집부에 힘입은 것인데, 본서의 본질에 아주 적합하여 저자로서는 감사하지 않을 수 없다. 본서는 종교철학을 자의적으로 논하는 것이 아니라 명확한 방법론적 의식 하에 입문하고, 나아가 그 오의奧義를 규명하려 하는 것이다.

입문에서 오의로 나아가는 길은 사도私道가 아니라 공도公道이다. 입문은 세계 3대 종교로부터의 입문이다. 이에는 많은 사람들이 이의는 없을 것이다. 또한 특정 종교에서 그 철학으로 나아가는 길도 그 종교 안에서는 특별한 문제가 없을 것이다. 문제는 역사적, 개별적 종교와 그 철학에서 종교철학 일반으로 비약할 때에 일어난다. 그때 각자의 주체적 신앙이 문제가 될 것이다. 본서는 마지막으로 그것에 직면하지 않을 수 없다.

본서에서와 같은 방법론적 과정을 밟아 도달된 '주체적 신앙'에는 두 가지의 특색이 있다. 하나는 자기의 신앙에 대한 확신이며, 다른 하나는 타자의 신앙에 대한 관용이다. 둘은 수레의 양쪽 바퀴이다.

2008년 2월 28일
하카리 요시하루

---

*역주_ 본 역서의 원제임.

머리말

철 학

'종교철학'은 '도덕철학' 등과 마찬가지로 철학의 한 부문이다. 따라서 종교철학의 탐구에 앞서 철학이라고 하는 학문 전체의 구조와 그 안에서의 종교철학의 위치를 이해해 둘 필요가 있다.

그러면, 철학이라는 학문의 구조를 구체적으로 칸트를 근거로 이야기하기로 하자. 칸트는 철학이라는 학문을 영위하는 인간의 능력을 '이성理性'이라고 불렀다. 칸트에 의하면, 이성이 스스로의 과제로 삼는 것에는 세 가지가 있다.

(1) '나는 무엇을 알 수 있는가.'(형이상학)
(2) '나는 무엇을 행해야만 하는가.'(도덕)
(3) '나는 무엇을 바랄 수 있는가.'(종교)

형이상학으로서의 제1과제에 관해서는, 우리들의 인식은 경험의 세계에 한정되며, 경험을 초월한 세계에 대해서는 인식할 수 없다고 하는 것이 칸트의 해답이다. 도덕으로서의 제2과제에 관해서는 우리들은 도덕법칙이 단적으로 명령하는 의무를 행하지 않으면 안 된다고 말한다. 종교로서의 제3과제의 의미는 우리들이 도덕에 기초하여 행해야 할 것을 행한 경우에, 무엇을 바랄 수 있는가라는 것이다. 종교를 도덕과 관련지어 생각하는 것이다.

칸트는 형이상학, 도덕, 종교라는 세 과제는 '인간이란 무엇인가'라는 인간학에 귀착된다고 말한다. 바꾸어 말하면, 철학은 인간학이라는 것이다.

그런데 칸트에 있어서 '인간이란 무엇인가'라는 문제는 '신이란 무엇인가'라는 문제와 깊이 연관되어 있다. 두 문제는 겹쳐져 있다고 해도 좋다.

신 학

인간학으로서의 철학과 깊은 관련을 갖는 신학이라는 학문에 대해서도 간단히 언급해 두기로 하자. 신학의 일반적 정의는 '신학이란, 신과 신에 속하는 사항에 대한 지知'라는 것이다. 이 '지'에는 계시에 근거하는 것과 자연에 근거하는 것이 있다. 다시 말하면, 신학에는 계시신학啓示神學과 자연신학自然神學이 있다. 계시신학은 철학적 신학이 아니다. 이에 반해, 자연으로서의 인간 이성에 기초하는 자연신학은 철학적 신학이다. 전통적 형이상학은 존재론으로서의 일반 형이상학과 특수 형이상학으로 이루어지는데, 후자에는 자연신학으로서의 철학적 신학이 포함된다.

종 교

앞에서 보았듯이, 칸트는 종교를 도덕과 관련지어서 희망의 문제로 다루었다. 하지만 종교의 일반적 정의에 의하면 '종교란 인간의 신과의 관계이다'. 여기서 '관계'에는 두 가지가 있다. 하나는 문화로서의 관계이고, 다른 하나는 신앙으로서의 관계이다. 즉 '종교'에는 '문화로서의 종교'와 '신앙으로서의 종교'가 있는 것이다. 전자는 종교행사에 가장 잘 나타나 있다. 후자는 주체적이고, 자각적이다. 종교철학에서 문제로 하는 종교는 바로 이 후자의 의미에서의 종교이다.

'신앙으로서의 종교'에 있어서의 인간과 신의 관계에도 두 가지 종류가 있다. 하나는 인간 쪽에서 신에게 관여해 가는 관계이고, 또 다른 하나는 반대로 신 쪽에서 인간에게 관여해 오는 관계이다. 전자는 자연종교, 후자는 계시종교라고 불린다. 자연종교는 자연신학에, 계시종교는 계시신학에 각 각 대응한다. 자연신학은 자연종교의 로고스이며, 계시신학은 계시종교의 로고스이다.

종교철학

종교철학의 특수성으로 다음의 두 가지를 지적해 두고자 한다. 우선 첫째 는, 분명히 '종교철학'은 '철학'이며 '종교'가 아니지만, '종교' 철학으로서 의 특수성이 있다고 하는 점이다. 즉 철학은 일반적으로 지성의 행위이지 만, 종교는 지성을 초월하는 것을 포함하고 있다. 그렇기 때문에 종교철학 에서, 본래 지성의 학문으로서의 철학은 어느 정도의 변용되지 않을 수 없 다.

둘째는, 첫 번째와 관계되는 것이지만, 종교철학에서 철학은 어쩔 수 없 이 신학과 관련된다는 점이다. 즉 '종교' 속에는 당연히 '계시종교'도 포함 되기 때문에 종교철학은 계시신학과 관련되지 않을 수 없다.

'불안 · 권태 · 공허'의 기분에 대하여

이 '머리말'의 장을 빌려서 보충해 둘 것이 한 가지 있다. 제11장 '구제의 문제'의 '2 구제의 방법'에서는 '공허'에 대해서 기술하였다. 그런데, 제15 장 '종교철학과 현대'의 '2 현대라는 시대'에서는 '불안'과 '권태', 그리고 그 기분에 대해서 기술하였지만, '공허'의 기분에 대해서는 언급하지 않았 다. 그러나 공허라는 기분은 불안이나 권태라는 기분보다도 근본적이다. 불 안과 권태의 기분은 '근본기분根本氣分'이라고 불리지만, 공허의 기분은 '원

근본기분原根本氣分'이라고 불려야 마땅할 것이다. 불안과 권태의 기분은 존재의 니힐리즘에 관련되는 데 비해, 공허는 주로 가치의 니힐리즘에 관련된다. 가치성취價値成就는 생명을 가져오지만, 가치파괴價値破壞 뒤에 남는 것은 결국 공허이다. 공허란 생명이 없는 기분이다.

공허는 현대라는 시대가 남긴 특유의 고품苦이다. 본론에서 규명되듯이, 종교의 중심적 과제가 고품苦로부터의 구제라고 한다면, 종교의 현대적 과제는 공허 또는 생명이 없음으로부터의 구제가 될 것이다.

본서는 1996년 3월 간행한 초판의 개정판이다. 초판에 있었던 단순한 오식이나 오류는 개정했지만, 크게 고쳐 쓴 부분은 없다.

마지막으로 교정을 비롯하여 본서의 작성에 시종 협력해 주신 방송대학 교육진흥회의 나리카와 게이치로成川慶一郎 씨에게 진심으로 감사의 말을 전하고 싶다.

1999년 6월

하카리 요시하루

차 례

제1장

과제와 방법

본 장은 '종교철학'의 소위 '서론'에 해당하는 장이다. 그래서 총괄적인 것을 서술하기로 한다. '종교철학'이라는 표현에는 '종교'와 '철학'이 구성계기가 된다. 종교철학은 철학이지 종교가 아니다. 그러나 그것은 종교에 대한 철학이며, 종교라는 것을 전제로 하고 있다. 일반적으로 철학과 종교는 어떤 관계에 있는 것일까?

1. 철학과 종교

묻는 철학과 답하는 종교

과학과 달리 철학이라는 학문에는 특정한 연구대상이 없기 때문에 모든 것이 연구대상이 될 수 있다. 그러나 그렇다고 해도, 오랜 철학의 역사 속에서 철학이 깊이 관여해 온 연구대상이 있다. 종교도 그중 하나이다.

폴 틸리히[1]는 철학과 종교와의 관계에 대해 "철학과 종교는 비소유와 소유, 묻는 것과 답하는 것의 사이에 서 있다"[2]고 말하고 있다.

---

1) 폴 틸리히(Paul Tillich, 1886-1965)는 칼 바르트(Karl Barth, 1886~1968)와 함께 현대의 대표적인 프로테스탄트 신학자. 히틀러 정권에게 탄압을 받아 미국으로 건너갔다. 폴 틸리히는 바르트와 달리 계시지상주의가 아니라 신학의 철학을 비롯한 제 학문과의 관계를 중시한다.

2) Paul Tillich, *Philosophie und Religion*, Gesammelte Werke, Bd. V, S. 101.

철학은 진리탐구의 도상에 있으며 아직 진리를 소유하고 있지 않다. 이에 대해 종교는 이미 진리를 소유하고 있다고 주장한다. 또 철학의 본질은 묻는 데에 있지만, 종교의 본질은 이미 소유하고 있는 진리에 의해 답하는 데에 있다. 이와 같이 철학과 종교는 진리에 관해서 비소유와 소유의 대립관계 속에 있다. 그 존재방식에 있어서 철학은 묻고, 종교는 답한다고 하는 식으로 대조적이다.

종교는 이미 진리를 소유하고 있어 그로부터 답을 할 수가 있는데, 철학은 아직 진리를 소유하지 못하고 그것을 찾아 묻지 않을 수 없는 것은 왜일까? 종교는 진리를 소유하고 있는데, 왜 철학은 그것이 불가능한 것일까? 그것은 종교는 진리를 믿지만, 철학은 그것을 알려고 하기 때문이라고 말할 수 있다. 진리를 믿는다고 하는 것은 그 근거를 묻지 않는다는 것이다. 이에 비해 진리를 알려고 하는 것은 어디까지나 그 근거를 묻는 것이다. 지知는 멈출 줄을 모르는 것이다. 지의 학문으로서의 철학은 본성적으로 묻는 학문이고, 따라서 항상 진리를 향한 도상에 있는 바, 진리에 도달해 버려서 거기에 평안을 느끼는 경우는 없는 것이다.

철학과 종교의 순환

지의 학문으로서의 철학에서는 물음이 멈춘다는 경우는 본래 있을 수 없다. 일련의 물음의 차원에 한계라는 것은 있다. 물론, 이 차원을 뛰어넘어 새로운 차원이 시작될 때, 거기에서 또 새로운 물음의 운동이 시작될 것이다. 그러나 그때에 새로운 물음의 운동은 옛 물음의 운동과는 다를 것이다.

임마누엘 칸트는 철학을 영위하는 능력인 이성의 관심에 대해『순수이성비판』에서 다음과 같이 말하고 있다.

> 나의 이성의 모든 관심은(사변적 관심도 실천적 관심도) 다음의 세 가지 물음으로 집약된다. (1) 나는 무엇을 알 수 있는가. (2) 나는 무엇을 행해야만 하는가. (3) 나는 무엇을 바랄 수 있는가.3)

다른 곳에서는 이 제1의 물음에 답하는 것은 '형이상학'이며, 제2의 물음에 답하는 것은 '도덕'이고, 제3의 물음에 답하는 것은 '종교'라고 말하고 있다. 그리고 '인간이란 무엇인가'라는 제4의 물음을 세우고, 이에 답하는 것이 '인간학'이라고 말하고 있다. 또한 처음의 세 가지 물음은 마지막 물음에 관련되기 때문에 형이상학, 도덕, 종교의 전체를 결국 인간학으로 간주할 수 있다고 말하고 있다.4) 칸트는 형이상학과 도덕과 종교를 인간학으로 한데 엮고 있지만, 앞의 세 가지는 병렬적 관계에 있는 것이 아니라 발전적 관계에 있는 것이기 때문에, 인간학의 중심은 종교라고 해도 결코 부당하지 않을 것이다. 따라서 칸트 철학은 그 전체가 바로 종교철학이라는 해석도 꼭 견강부회라고는 할 수 없을 것이다.5)

---

3) Kant, *Kritik der reinen Vernunft*, A804f., B832f.

4) Vgl. Kant, *Logik*, IX, 25.

5) Vgl. Georg Picht, *Kants Religionsphilosophie*, S.I.

형이상학적인 물음으로 시작되어 인간학적인 물음에 이르는 과정은 이를테면 직선적이다. 그리고 이 직선은 정직선定直線이며, 인간학적인 물음은 그 종점이다. 이 종점을 넘어서 다시금 물을 때 새로운 차원의 물음이 탄생한다. 그것은 '신이란 무엇인가'라는 신학적인 물음이다. 그리고 거듭 이 물음을 넘어서 물을 때, '인간이란 무엇인가'라는 물음을 또 새롭게 하게 된다. 실제로 인간은 신神과의 관계에 있어서, 그리고 신은 인간과의 관계에 있어서 스스로를 개시開示6)하는 것이다. 이리하여 철학과 종교는 일종의 긴장관계에 있는 것이다.

종교철학 탐구

이와 같은 긴장관계에 있는 철학과 종교를 구성계기로 하는 '종교철학'이라는 철학의 일부문은 몹시 델리케이트delicate한 학문이라고 말하지 않으면 안 된다. 종교철학은 이미 기술하였듯이 분명히 종교철학이므로 종교가 아니라 철학이기는 하다. 그러나 단순한 철학이 아니다. 종교철학으로서 종교와 더구나 구체적인 종교와 깊이 관련되지 않을 수 없는 것이다. 구체적인 종교에 매개되지 않는 종교철학은 단순한 형이상학이며, 인간적 생生의 구제와는 관계가 조금도 없다고 해야만 한다.

---

6) 역주_분명히 드러냄.

철학과 종교와의 관계에 대한 고찰이 어려운 것은 철학의 원리가 지知임에 비해, 종교의 원리는 믿음信이기 때문이다. 종교 이외의 것, 예를 들면 과학이나 도덕과 철학의 관련은 결코 어려운 것이 아니다. 이론지理論知 또는 실천지實踐知라고 하는 차이는 있지만, 어쨌든 과학도 도덕도 철학과 마찬가지로 그 원리는 지知이다. 지知로서의 위상은 달라도 모두 지知이다. 그러나 종교의 경우에는 그 원리가 믿음이다. 칸트는 종교의 문제를 '소망'의 문제로서 파악했지만, 믿음도 소망도, 더 덧붙이자면, 사랑도 지知와는 전혀 다른 것이다. 지知가 지성의 사항인 데 대하여 믿음·소망·사랑은 영성靈性의 사항이다. 지知는 항상 근거가 있는 데 반해, 믿음·소망·사랑은 근거가 없는 것이다. 또 지성의 근본논리가 동일성 논리임에 비해서 영성의 그것은 나중에 보듯이, '즉비卽非의 논리'인 것이다.

2. 과제에의 방법

과제인가 본질인가

우리들이 어떤 것의 본질을 물을 때, 그 어떤 것이 무엇인지에 답해야만 한다는 법은 없다. 그러나 우리가 어느 것의 과제를 물을 때, 그 어느 것은 그 과제에 답하지 않으면 안 된다. 우리가 종교철학의 본질이 아니라, 과제를 묻는 것은 종교철학이 그 과제에 답해줄 것을 기대하기 때문이다. 본질을 묻는 물음이 단순히 이론적인 물음인 데 비해, 과제를 묻는 물음은 실존적이다. 종교철학은 우리들의 인간적 실존과 무관하지 않다. 깊이 관계되는 것이다. 실존의 생사에 관계된다. 그것은 종교철학이 그 과제를 가지고 있고, 우리들에 대해서 그것에 답하기 때문이다.

종교철학이 그 과제를 가지고 있다고 말하는 것은 실은 엄밀하지 않다. 왜냐하면 이 과제를 종교철학에 부과한 것은 다름 아닌 우리들 자신이기 때문이다. 다시 말하면 종교철학의 과제란, 우리들 자신의 과제이며, 이에 답하도록 우리 자신이 종교철학을 구축한 것이다. 곧 종교철학이란 인간적 현실의 과제와 그에 대한 해답에 다름 아닌 것이다.

두 가지 방법에 대하여

방법method이란, 우리들의 탐구가 따라가는meta 길hodos 이다. 길로서의 방법에는 목적이라는 것이 있다. 길로서의 방법은 목표도 없이 나아가는 것이 아니라, 목적을 향하여 나아가는 것이다. 우리들의 경우, 방법의 목적은 종교철학의 과제이며, 방법은 이 과제에 이르기 위한 방법이다. 이 방법을 과제로 가는 방법이라고 칭할 수 있을 것이다. 그런데 방법에는 또 하나의 방법이 있다. 그것은 과제로부터의 방법이다. 과제를 해결하기 위한 방법이다. 과제로 가는 방법은 과제발견을 위한 방법이고, 이에 반해 과제로부터의 방법은 과제해결을 위한 방법이다. 두 방법이 상이한 것은 거기에서 달성하고 있는 과제의 의의가 상이하기 때문이다. 과제발견을 위한 방법으로서의 과제로 가는 방법에서는 과제가 방법에 대해 미재未在임에 반해, 과제해결을 위한 방법으로서의 과제로부터의 방법에서는 과제가 방법에 대해서 기재既在하고, 작용인作用因으로 기능하고 있다.

두 가지 구성 부분

본서는 10장의 '종교철학의 과제'까지와 그 이하로, 크게 1부와 2부로 나뉜다. 1부의 제2장에서 제10장까지 총 9장은 종교철학의 과제로 가는 방법에 관한 장이며, 제2부의 제11장에서 제15장까지 총 5장은 과제로부터의 방법에 관한 장이다. 과제로 가는 방법에 관한 장 중에는 이 방법에 의해 발견되는 과제를 기술한 장도 포함되어 있다.

과제로의 방법에 관련되는 제 장의 구성

제2장부터 제10장까지의 과제로 가는 방법에 관련된 장들은 '종교', '특수적 종교철학', '종교비판의 철학', '종교비판의 비판의 철학', '종교철학의 과제'로 이루어진다. 처음의 네 가지 고찰은 제5고찰에 이르기 위한 고찰이다. 제1고찰인 '종교'는 '불교'와 '기독교'와 '이슬람교'의 장들로 나누어진다. 또 제2고찰인 '특수적 종교철학'도 '불교적 종교철학'과 '기독교적 종교철학'과 '이슬람적 종교철학'으로 나누어진다.

현상학적·해석학적 방법으로서의 과제로 가는 방법

우리들은 실존적 관심에서 종교철학의 본질이 아니라, 과제를 묻는다. 이 물음에 답하기 위해서 바꾸어 말하면, 과제를 발견하기 위해서 우리들이 취하려고 하는 방법은 현상학적·해석학적 방법이다. 여기서 현상학적·해석학적 방법이란, 해석되어야 할 것의 본질을 파악하기 위한 방법을 말한다. 즉 종교철학의 과제를 발견하기 위하여 현실에 존재하는 여러 가지 종교와 그러한 종교를 전제로 하고 있는 여러 가지 종교철학의 분석을 통해서 종교철학의 본질적 과제를 탐구하려고 하는 것이다. 그리고 여러 가지 종교로서 세계종교라고 불리우는 불교, 기독교, 이슬람교를 든다. 우리가 목표로 하는 것은 종교철학 일반의 과제를 발견하는 것인데, 그러기 위해 우리는 느닷없이 종교철학 일반에 대한 고찰로 들어가는 것을 피하고, 현실에 존재하는 어떤 종교를 전제하는 특수적 종교철학의 분석을 통해서 종교철학 일반의 본질적인 과제를 발견하는 데 힘을 쏟기로 한다.

특수적 종교철학의 고찰에서 종교일반의 철학의 고찰로 이행할 때 고려해야 할 것은 종교비판의 철학에 대해서이다. 현대에는 종교비판의 철학과의 대결 없이는 직접 종교철학을 논할 수 없다. 현대는 유달리 종교비판의 시대이기 때문이다. 특히 서양현대사상의 일반적인 특징은 반反 기독교적이기 때문이다. 그래서 우리는 특수적 종교철학의 고찰에서 직접 종교일반의 철학과 그 과제의 고찰로 나아가기에 앞서, 종교비판의 철학을 고찰하고, 이 철학에 대한 반박을 시도할 생각이다. 종교철학의 과제발견에 이르는 탐구에 일관되게 사용되는 것은 현상학적·해석학적 방법이다.

종교철학의 과제

위에서 기술한 현상학적·해석학적 방법을 통해서 발견된 종교철학의 과제는 제10장에서 상술하듯이 세 가지가 있다. 첫째는 '구제의 문제'이고, 둘째는 '절대자의 문제'이며, 셋째는 '신앙과 행위의문제'이다. 종교의 최대 관심사는 구제이다. 만약 인간적 생生이 그구제를 필요로 하지 않는다고 한다면 종교도 필요하지 않을 것이다.종교는 특히나 구제종교인 것이다.

구제는 구제자에 의한 구제이다. 이에 대해서는 제10장에서 상술하겠지만, 타력종교 또는 자력종교를 불문한다. 구제자는 우리 인간들과는 다른 절대자이다. 종교는 절대자에 의한 구제의 가르침인 것이다. 따라서 절대자의 문제는 종교철학에서 불가피한 문제가 된다.절대자라고 해도 결코 모두 같지는 않다. 불교의 공空은 무적無的 절대자이다. 그에 비해 알라는 유적有的 절대자이다. 기독교의 삼위일체三位一體의 신은 단순한 유적 절대자는 아닐 것이다.

절대자에 의한 구제가 곧 인간의 구제인 이상, 종교에서는 절대자의 문제와 함께 인간의 문제도 불가결한 문제이다. 인간의 무엇이 문제인가 하면, 신앙과 행위이다. 왜냐하면 절대자에 의한 인간의 구제는 결코 인간의 사정과 무관하지 않기 때문이다. 인간의 신앙이 문제가 되는 것이다. 설령 구제가 절대자 측의 절대적인 은혜에 의한 경우라도 인간의 신앙이 문제가 되는 것이다. 절대자로부터의 구제를인간이 받아들이지 않으면, 구제는 사건이 되지 않을 것이다. 구제는결코 자동적인 사항이 아니다. 신앙이란 절대자로부터의 구원을 감사하며 받아들이는 일이다. 그리고 이와 같은 신앙은 행위와 불가분의 관계인 것이다. 양자는 불일불이不一不二이다.

3. 과제로부터의 방법

실존적 방법

과제로 가는 방법이 미재未在의 과제를 탐구하는 방법임에 비해서, 과제로부터의 방법은 기재旣在의 과제로부터 전개하는 방법이다. 이 경우 과제는 방법에 대해 작용인作用因으로 기능할 것이다. 과제로 가는 방법은 구체적으로는 현상학적·해석학적 방법이지만, 과제로부터의 방법은 무엇일까? 나는 그것이 실존적 방법이라고 생각한다. 독자는 여기서 어조가 갑자기 바뀌었음을 눈치 챘을 거라 생각한다. 지금까지 나 자신은 현상학적·해석학적 방법 안에서 이론적이고, 방관적인 입장에 서 있었다. 그렇게 해야만 했고, 또 그것이 가능했다. 그러나 이제는 입장을 전환하지 않을 수 없다. 이미 이론적·방관적 입장을 유지할 수 없고, 또 그렇게 하지 않아도 되기 때문이다. 자신의 종교적 의식 내지는 종교적 체험에 입각하여 실존적으로 답해 가야만 하는 것이다. 왜 그럴까?

종교철학의 과제는 '구제의 문제'와 '절대자의 문제'와 '신앙과 행위의 문제' 이 세 가지였다. 이 세 가지 문제 중에서 첫째인 '구제의 문제'가 중심문제이다. 두 번째, 세 번째 문제는 이 중심문제로부터 파생되는 문제이다. 그러면 구제의 문제란 무엇일까? 그 근본문제는 무엇일까? 그것은 리얼리티의 문제라고 할 수 있을 것이다. 구제란 뒤에서 상술하겠지만, 고품로부터의 구제이다. 고품는 관념이 아니고, 인생의 현실이다. 구제란 구제받을 것이라고 생각하거나 구제받았다고 생각한다든가 하는 문제가 아니다. 아니, 또한 구제받을 것이라고 믿는다거나 구제받았다고 믿는다거나 하는 것도 아니다. 현재 구제받았다는 것이다. 구제는 현실이다.

구제의 현실적 특징은 '개별적'이라고 하는 것이다. 즉 바로 나의 구제인 것이다. 그것은 나 자신이 '그것을 위해 살고, 또 죽기를 바라는 것과 같은 실존적 진리'이지 않으면 안 된다. 나의 고품는 나에게 리얼하며, 따라서 이 고품로부터의 구제도 리얼하지 않으면 안 된다. 종교가 구제종교인 이상, 종교의 근본적 특징은 리얼리티라고 할 수 있을 것이다. 그렇다면 종교철학의 과제에 답하려는 시도도 실존적이지 않을 수 없을 것이다.

본질적 과제와 우유적 과제

구제와 절대자와 신앙과 행위의 문제는 종교철학의 본질적인 과제이다. 이 본질적 과제들 외에 종교철학에는 우유적偶有的 과제라는 것이 있다. 본서에서 다루는 제14장 '종교에 있어서의 진리의 문제'와 제15장 '종교철학과 현대'는 우유적인 제 문제 중에서도 중요하다고 생각되는 것이다.

종교에 있어서의 진리의 문제

예수는 처형에 앞서 로마 총독 빌라도의 신문을 받았다. 그때 예수는 말했다. '내가 이를 위하여 태어났으며 이를 위하여 세상에 왔나니 곧 진리에 대하여 증언하려 함이로다 무릇 진리에 속한 자는 내 음성을 듣느니라'(『성경전서 개역개정판』, 대한성서공회, 2001). 그러자 빌라도는 물었다. '진리란 무엇인가'라고. 진리의 의미는 실로 다의적이다. 그러나 내가 문제 삼고자 하는 진리란 종교적 진리이다. 종교적 진리의 중심문제는 구제에 관련된 진리이다. 예수는 다른 컨텍스트(문맥)에서 '내가 곧 길이요 진리요 생명이니'라고 말하고 있다(상게서 14장 6절). 이에 의하면, 예수의 구제를 받는 것은 신에 이르는 길을 걸어야 하는 것이며, 진리, 즉 신에 속한 자가 되어야 하는 것이며, 생명, 즉 영원의 생명을 얻는다는 것을 의미한다. 기독교뿐만 아니라 제 종교는 모두 나야말로 진리라고 주장한다. 대체 어떤 종교가 진리인 것일까? 바꾸어 말하면, 어떤 종교가 절대자에 이르는 길이며, 생명을 약속해 줄 것인가? 제 종교가 뒤섞여 있는 글로벌 현대에 절실한 문제이다. 다발하는 민족분쟁의 근저에 종교 간의 대립이 있는 것을 생각해 보면, 그것은 금방 수긍할 수 있을 것이다.

종교철학과 현대

이것은 본서의 마지막 장의 테마이다. 내용적으로는 '현대의 종교적 과제' 또는 '새로운 종교철학의 시도'라고 할 수가 있을 것이다. 현대라고 하는 시대는 종교에 관해서도 역사 속에서 특별한 시대이다. 그것은 현대가 무신론·니힐리즘의 시대라고 하는 점이다. 우리는 제9장에서 현대의 종교비판의 철학을 반박할 것이다. 이 마지막 장에서는 적극적으로 새로운 종교철학의 구축을 시도하고자 한다. 대담해지지 않을 수 없는 것이다.

나는 무신론·니힐리즘의 현대에 진정한 종교의 가능성은 '어떻게 무신앙의 신앙이 가능한가'라는 문제에 달려 있다고 생각한다. 무신론·니힐리즘의 현대는 무신앙의 시대이다. 무신앙이란 신이 없는 것이고, 신앙이란 신이 존재하는 것이다. 우리는 어떻게 신이 없는 시대에 신과 함께 존재할 수 있을 것인가? 아우슈비츠를 보라. 히로시마, 나가사키를 보라. 거기에 신은 있었는가? 세계 전체가 점점 혼미해져 가는 오늘날, 신은 우리와 함께 하는가?

니체가 죽인 신은 신의 관념이며, 신 그 자체는 아니다. 신은 살아

있는 존재이며, 살아있는 신이 죽는 일은 없다. 그러나 어쩌면 애초부터 살아있는 신 같은 건 존재하지 않았는지도 모른다. 그러기에 아우슈비츠에서도, 히로시마, 나가사키에서도 그저 침묵만이 있었던 건지도 모른다. 침묵이라고 했지만, 신이 침묵하신 것은 아니다. 즉 신은 계셨지만 침묵하셨던 것은 아니다. 애초부터 신 따위는 없었던 것이다. 그렇기 때문에 언제라도 단지 부조리가 있을 뿐인 것이다. 우리는 이러한 부조리의 한가운데서, 무신앙일 수밖에 없는 한가운데서, 신을 믿을 수 있을 것인가? 무신앙의 신앙이라는 있을 수 없는 일이 있을 수 있을까? 나는 철학의 한계에 서 있다.

제2장

종교 I : 불교

불교는 고타마 붓다를 창시자로 해서 고대 인도에서 일어난 종교이다. 따라서 이 종교를 이해하기 위해서는 우선 무엇보다도 창시자 붓다의 생애를 알아둘 필요가 있다. 붓다의 종교와 그 생애는 서로 분리할 수 없기 때문이다. 또 불교는 갑자기 일어난 것이 아니라서, 그 전사前史라고도 해야 할 것이 있다. 우리는 이야기를 거기서부터 시작하지 않으면 안 된다.

1. 전사前史 또는 배경

인더스 문명

기원전 1500년경 서북으로부터 아리아인이 인더스 강 유역에 침입해서 그 이전에 있던 문명을 대신하였다. 이 아리아 문화에 앞서는 문명을 인더스 문명이라고 한다. 이 문명은 기원전 2500년경부터 기원전 1000년경까지 약 1500년간에 걸쳐 존속한 인도의 토착 문명이다. 물론 토착적이라고는 해도, 그것은 후발의 아리아 문화와의 관계에 있어서이며, 인더스 문명의 담당자 자신도 근본을 따지자면 침입 민족이다. 오늘날 우리들은 인더스 강 상류의 하라파 및 하류의 모헨조다르에서 이 문명의 유적을 볼 수가 있다.

아리아 문화

'아리아'란 '고귀한'이라는 뜻인데, 아리아인은 원래는 유목민으로 도시문화를 가지고 있지 않았다. 그러나 인더스 강 유역으로 침입해 온 후 농경에도 종사하게 되었다. 그들은 일부일처제와 가부장제를 지키며 부족단위로 생활했다. 그들의 최대의 특징은 그들이 종교적 민족이라는 점이다. 그들은 제의祭儀를 중히 여겼다. 제의의 규정이나 제의에 있어 신에 대한 찬가나 기도 문구를 모은 것을 '베다'라고 한다. 베다란 그들의 언어인 산스크리트어로 '지식'을 뜻한다. 베다란 종교적 지식을 말하는 것이다. 이 지식의 담당자는 당연히 승려계급이다. 승려계급은 브라만이라고 불린다. 베다에 의한 아리아 문화란 결국 다름 아닌 브라만교인 것이다.

우파니샤드

베다 문헌은 기원전 12세기부터 기원전 3세기에 걸친 기간에 성립된다. 초기 및 중기의 것은 철저히 제의주의적祭儀主義的이지만, 후기가 되면 우파니샤드(정확하게는 고古우파니샤드)라고 불리는 철학적 문헌이 등장한다. '우파니샤드'란 '비의秘義'를 뜻한다. 비의란 '범아일여梵我一如'를 말하는 것이다. '범'이란 우주의 궁극적 원리이다. 그리고 '아'란 개체의 궁극적 원리이다. 우파니샤드는 범아일여에서 인간존재의 궁극적 목표를 본 것이다. 이 범아일여와 함께 언급하지 않으면 안 되는 것은, 우파니샤드에서 윤회전생의 사상이 체계화된 사실이다. 진정 우파니샤드의 출현은 베다의 제의주의로부터의 탈피를 나타내는 것이며, 고대 인도사상의 전환점을 이룬다고 말할 수 있을 것이다.

자유사상가 무리의 출현

우파니샤드 문헌의 출현과 전후하여 자유사상가 무리가 등장한다. 여기서 자유사상가란 '사문沙門', 즉 출가자를 말한다. 그들은 전통의 베다를 인정하지 않고 스스로 사색하고, 스스로 수행하고, 스스로 종교적 문제의 해결을 꾀한다. 고타마 붓다도, 자이나교의 창시자 마하비라Mahāvīra도 사문이다.

사문의 출현배경으로 두 가지를 생각할 수 있다. 하나는 일반적으로 자유의 기풍이 조성되어 왔다는 점이다. 그리고 다른 하나는 브라만교의 특권주의에 대한 비판이다. 처음에 인더스 강 유역에 침입한 아리아인은 서서히 동부로 이동하고, 이윽고 갠지스 강 유역까지 진출한다. 선주민족(원주민)과 융합하는 가운데, 농산물이 풍부해지고, 상업도 번성하여 도시국가를 형성하기에 이른다. 그 도시에는 일반적으로 도시가 갖는, 전통에 얽매이지 않는 자유로운 기풍이 있었다. 거기에다가 브라만교의 특권주의가 있었다. 아리아인의 브라만교는 토착의 민간 신앙과 융합되어 힌두교가 되어 가지만, 제1계급 브라만(승려), 제2계급 크샤트리아(왕족), 제3계급 바이샤(서민), 제4계급

수드라(천민)라는, 베다에 기초한 그 사성제도四姓制度는 견지된다. 여기에 베다 비판이 일어나는 것은 당연하다고 봐야 한다.

2. 고타마 붓다의 생애

출 생

'석가'라는 말은 불교의 창시자 고타마 붓다의 출신 종족을 나타내는 말이다. 붓다는 석가족 출신인 것이다. '붓다Buddha'라는 말도 속명俗名이 아니라, '깨달음을 연 자', 즉 '각자覺者'를 뜻하는 말이다. 붓다의 속명의 풀 네임은 고타마 싯다르타Gautama Siddhārtha이다. 고타마는 성이고, 싯다르타는 이름이다. 아버지는 슛도다나 Śuddhōdhana, 어머니는 마야Māyā라고 했다. 아버지 슛도다나는 석가족의 족장이고, 싯다르타는 그 장자였다. 석가족은 부족국가를 형성하고 있었으므로 싯다르타는 왕자라고 불려도 이상하지 않다. 석가족의 수도는 카필라바스투Kapilavastu라고 하여 오늘날의 네팔 영내에 있었다. 싯다르타의 탄생지는 카필라바스투가 아니고, 거기서 조금 떨어진 룸비니Lumbinī라는 곳이었다.

붓다의 생년과 몰년에는 여러 설이 있어서 확실한 것은 알 수 없다. 보통 기원전 463~386년경이라고 하나, 일설에는 기원전 566~486년경이라고 한다. 또한 남방전승에 의하면, 기원전 624~544년경이라고도 한다. 이와 같이 생년 및 몰년 모두 최대 150년 이상의 격차가 있다. 붓다의 생애에 관하여 절대연대를 잘 알 수 없다는 것은 불교라는 종교의 특징을 암시하고 있다고 할 수 있는 것이 아닐까? 즉 불교는 여러 의미에서 비역사적인 것이다.

출가까지

불전에 의하면 고타마 싯다르타는 스무 살 즈음 결혼하고, 자식을 하나 얻었으나 29세 무렵 가족을 버리고 출가했다. 어머니 마야는 싯다르타를 낳고 7일 후에 죽었다. 마야의 여동생이 싯다르타의 양육을 맡게 되었다. 부왕 숫도다나는 브라만승 한 명을 교육담당으로 불러서 싯다르타에게 제왕학을 배우게 하였다. 싯다르타는 문무文武 양도兩道를 겸비하기에 이르렀다. 왕의 왕자교육에 있어 주목해야 할 것은 왕자에게 가능한 한 인생의 괴로운 현실을 보이지 않도록, 또 괴로움을 맛보지 않도록 배려한 점이다. 그러기 위해 왕자를 가능한 한 성내에 머물게 했다. 성 밖으로 나갈 때에는 호위를 붙여서 인간생활의 현실에 접하지 못하도록 했다. 그 대신 성내에서는 아무런 불편도 없는 환락의 생활을 맛보게 했다. 이렇게 한 배경에는 명상에 빠지는 경향이 있는 왕자의 출가를 저지하고 싶은, 그리고 왕위를 무사히 계승시키고자 하는 바람이 있었던 것이라고 생각된다.

출 가

　그러나 싯다르타는 29세가 된 어느 날 마부에게 명하여 왕에게는
비밀로 하고 마차를 성 밖의 마을로 나가게 했다. 그가 거기에서 본
것은 지금까지 본 적이 없는 광경이었다. 그것은 노인과 괴로워하는
병자와 슬퍼하는 사람들에 둘러싸인 죽은 자였다. 그는 처음으로 인
생의 현실을 접한 것이었다. 그리고 이 세상은 덧없는 것이며, 이 세
상에는 무엇 하나 영속적인 것이 없음을 실감한 것이었다.

　그는 마부에게 명하여 한 번 더 마을로 나갔다. 앞의 노老·병病·사
死의 세 풍경에 더하여 새로이 네 번째 광경을 보았다. 그것은 여러
지방을 돌아다니며 고행하는 성자의 모습이었다. 싯다르타는 마차를
세우게 하고 성자에게 물었다. "무엇 때문에 고행하는가?"라고. 성자
는 답했다. "괴로움도 늙음도 죽음도 없는 지복의 경지를 얻기 위해
서다." 성으로 돌아온 싯다르타는 그날 밤 성을 버릴 결심을 했다. 아
무에게도 이별의 말을 고하지 않고 어둠을 타고 성을 빠져나왔다. 숲
언저리에서 왕자가 입던 옷을 벗어 버리고, 머리와 수염을 잘라내고,
노란 성자의 옷을 몸에 둘렀다. 앞에서 말한 싯다르타의 두 번의 비밀
스런 외출과 이 탈출을 도운 마부의 이름은 찬나라고 한다.

고 행

고타마 싯다르타가 출가한 것은 앞의 성자와 같이 지복의 경지를 얻기 위해서였다. 노老·병病·사死라는 고苦는 생의 운명이다. 지복의 경지란 이 운명으로부터의 탈피를 뜻한다. 싯다르타는 전통적인 힌두교의 윤회와 업業에 관한 가르침을 배웠다. 윤회란 영혼의 재생, 즉 전생轉生을 의미한다. 동일한 영혼이 다양한 몸으로 전생하는 것이다. 이 윤회전생을 지배하는 법칙을 업이라고 한다. 영혼이 어떠한 신체를 취해 재생하는가는 영혼의 전세前世에서의 업에 의해 결정된다고 하는 것이다. 즉 영혼이 전세에서 생각한 것, 말한 것, 행한 것에 의해 그 현세에서의 생의 형태가 결정된다는 것이다. 이러한 영혼의 윤회전생이 있는 한, 고苦로부터의 탈피는 바랄 수도 없다.

우파니샤드가 말하는 범아일여란 윤회로부터의 탈피, 즉 다름 아닌 해탈의 경지이다. 환락의 생활에서 탈출한 싯다르타는 해탈을 추구하며 산속에 묵으며 고행했다. 그러나 고행을 통해서는 깨달음을 얻을 수가 없었다. 고행은 육체를 괴롭힐 뿐이고, 오히려 올바른 명상에 방해가 되는 것을 깨달았다. 그래서 싯다르타는 강으로 내려가 목욕하고 몸을 깨끗이 하고 나서 어느 마을로 들어갔다. 거기서 마을 처녀로부터 한 그릇의 죽을 얻어먹고 기운을 회복하여 핍팔라나무 아래 앉아 명상하고, 선정禪定에 들어갔다. 깨달음을 얻은 것이다. 후에 핍팔라나무는 깨달음bodhi(보리)의 나무, 즉 보리수라고 불리게 되었다. 이에 고타마 싯다르타는 고타마 붓다가 된 것이다.

성도成道

붓다는 환락과 고행의 중도中道에 있는 명상에서 깨달음을 얻었다. '성도'란 '완전히 깨닫는 것'을 의미하고, 협의로는 보리수나무 아래에서의 붓다의 깨달음을 가리킨다. 깨달음이란 진리에 눈뜨는 것이며 지혜이다. 깨달음의 반대는 방황이며 지혜가 없는 것, 즉 무명無明이다. 무명이란 모든 것이 공空이며 제행諸行(존재하는 모든 것)은 무상無常임에도 불구하고, 즉 무아無我임에도 불구하고, 무언가 실체적인 것으로서 아我를 생각하고 거기에 집착하는 것이다. 무명이란 아我에 대한 무지와 그에 기반을 둔 아我에 대한 집착, 즉 번뇌이다. 이에 반해 진리란 공空과 무상無常의 자각을 말한다.

3. 붓다의 가르침

범천梵天의 권청勸請

깨달음을 얻은 붓다는 다음과 같이 생각해서 선뜻 설법을 시작하려고 하지 않았다.

내가 깨달아 얻은 이 법은 심원하고 이해하기 힘들며 깨닫기 어렵다. 정적靜寂하고 탁월하여 사고思考의 영역을 뛰어넘는다. 미묘해서 오직 현자賢者만이 그것을 잘 알 수가 있다.

그러나 세상 사람들은 다섯 가지 감각기관의 대상을 낙으로 삼고, 그것들을 기뻐하며, 그것들로 기분을 들뜨게 한다. 그것들을 낙으로 삼고, 그것들을 기뻐하며, 그것들로 기분을 들뜨게 하는 사람들에게 있어 실로 이 도리, 즉 이것을 조건으로 해서 저것이 있다고 하는 연기緣起의 도리는 이해하기 어렵다. 또 모든 존재가 고요해지는 것, 모든 집착을 버리는 것, 갈욕渴欲을 없애는 것, 욕정을 벗어나는 것, 번뇌가 소멸하는 것, 그것이 즉 열반이라고 하는 이 도리도 이해하기 어렵다. 만약 내가 설법을 한다 하여도 다른 사람들이 나를 이해해주지 않는다면 그것은 나에게 피로일 뿐이다. 그것은 나에게 고뇌일 뿐이다.

〈桜部建訳「説法の要請」〔相応部 6・1・1〕 世界の名著 I
『バラモン教典・原始仏典』中央公論社, pp.431-432〉

이렇게 생각하는 붓다를 설득하고자 범천은 다음과 같이 말한다.

세존, 설법을 해주십시오. 선한 이시여, 설법을 하여 주십시오. 세상에는 그 눈이 별로 세속에 더럽혀지지 않은 사람들도 있습니다. 지금은 그들도 설법을 듣고 있지 않기에 그 마음이 쇠퇴하여 있으나, 세존이 설법하여 주시면 곧 법을 이해하는 자가 될 것입니다.　〈상게서 p.432〉

이러한 범천의 권청에 마음이 움직여 붓다는 다음과 같이 말한다.

불사不死를 얻기 위한 문은 열렸다. 귀를 가진 자는 듣고 자신의 맹신盲信을 버려라. 브라후마신(범천)이여, 내가 이 뛰어나고 탁월한 법을 사람들에게 설명하지 않은 것은 그것이 사람들을 해할 것이라고 걱정해서였다. 〈상게서 p.434〉

붓다는 스스로 깨달아 얻은 법을 처음에는 사람들에게 설명하려 하지 않았다. 그것은 법이 우리들의 '사고의 영역을 넘는' 것이며, '이해하기 어려운' 것이기 때문이라고 한다. 이는 바꾸어 말하면, 법을 이야기한다는 것은 본래는 이야기할 수 없는 것을 이야기함을 의미하는 것이리라.

초전법륜初轉法輪

붓다의 첫 설법은 이렇게 시작된다. 붓다는 바라나시국(오늘날의 베나레스)의 이시파타나에 있는 사슴의 숲, 즉 녹야원鹿野苑에서 다섯 명의 비구들을 상대로 그 첫 설법을 행하였다. 전법륜轉法輪이란 붓다의 설법을 말한다. 성스런 왕이 가지고 있는 바퀴輪(무기의 일종)가 자재自在로 굴러가서 적을 쳐부수듯, 붓다의 법륜은 중생의 방황을 타파한다고 한다. 초전법륜에는 붓다의 가르침이 응축되어 있다. 거기서 붓다가 설파하고 있는 것은 중도中道와 팔정도八正道와 사체四諦라는 것이다. 팔정도란 중도의 구체적 내용이다. 그리고 사체란 네 가지 진리를 말한다. 우선, 중도와 팔정도에 대해 다음과 같이 말하고 있다.

비구比丘1)들, 출가한 자는 이 두 가지 극단에 다가가서는 안 된다. 두 가지란 무엇인가?

첫째로, 여러 가지 대상을 향하여 애욕쾌락愛欲快樂을 추구하는 것, 이는 저열低劣하고 비천하여 세속의 인간이 하는 짓이고, 존엄한 도를 추구하는 자가 할 일이 아니며, 진정한 목적에 맞지 않는다. 그리고 둘째로는, 스스로 육체적인 피로소모를 추구하는 것, 이는 고통스럽고, 존엄한 도를 추구하는 자가 할 일이 아니며, 진정한 목적에 맞지 않는다. 비구들, 여래(붓다 자신을 말함)는 그들 양 극단을 피한 중도를 확실히 깨달았다. 이는 사람의 눈을 뜨게 하고, 이해를 생기게 하며, 마음의 고요함·뛰어난 지혜·올바른 깨달음·열반을 위해 도움이 되는 것이다. 비구들, 그러면 여래가 확실히 깨달은, 사람의 눈을 뜨게 하고, 이해를 생기게 하며, 마음의 고요함·뛰어난 지혜·올바른 깨달음·열반을 위해 도움이 되는 중도란 무엇인가? 그것은 여덟 가지 항목으로 이루어지는 존엄한 도(팔정도八正道·팔지성도八支聖道)이다. 즉 올바른 견해·올바른 사고·올바른 말·올바른 행위·올바른 삶의 모습·올바른 노력·올바른 배려·올바른 정신통일이다. 비구들, 여래는 그것을 확실히 깨달았다. 그것은 사람의 눈을 뜨게 하고, 지知를 생기게 하며, 마음의 고요함·뛰어난 지혜·올바른 깨달음·열반을 위해 도움이 되는 것이다.

〈桜部建 訳「はじめての説法」〔相応部56·11〕 상게서 p.435〉

---

1) 본래 산스크리트어로 '걸식(乞食)'을 뜻한다. 불교에서는 출가득도(出家得度)해서 구족계 (具足戒), 즉 교단 내에서 지켜야만 하는 계율을 받은 남자 수행자를 가리킨다. 여성 수행자 는 비구니(比丘尼)라고 불린다.

'올바른 깨달음·열반을 위해 도움이 되는 것'인 팔정도는 사체四諦의 네 번째, 즉 도체道諦의 내용이다. 붓다는 이렇게 말한다.

비구들, 존엄한 진실로서의 고苦의 소멸로 나아가는 도道(도체道諦)란 이것이다. 즉 8항목으로 이루어지는 존엄한 도, 즉 올바른 견해·올바른 사고·올바른 말·올바른 행위·올바른 삶의 모습·올바른 노력·올바른 배려·올바른 정신통일이다. 〈상게서 p.436〉

도체는 '고苦의 소멸'로 나아가는 길인데, 이 고의 소멸을 멸체滅諦라고 한다. 도체는 멸체로 나아가는 길인 것이다. 이 멸체에 대해 붓다는 이렇게 말하고 있다.

비구들, 존엄한 진실로서의 고의 소멸(멸체)이란 이것이다. 즉 그 갈욕을 완전히 떠나는 것, 즉 그것의 지멸止滅이다. 그것의 기사棄捨이며, 그것의 방기放棄이고, 그것으로부터 해방되는 것이며, 그것에 대한 집착을 버리는 것이다. 〈상게서 p.436〉

소멸시켜야만 하는 고苦의 원인에 대한 진실을 '집체集諦'라고 한다. 제2체이다. 집체의 내용은 대상에 대한 애착으로서의 갈욕이다. 갈욕이 고苦의 원인인 것이다. 갈욕에는 정욕적 갈욕과 개체의 존속을 바라는 갈욕과 권세나 번영을 구하는 갈욕이 있다.

제1체를 '고체苦諦'라고 한다. 이것은 생이 가지는 여러 가지 고苦에 대한 교설敎說이다. 태어나는 것도 늙는 것도 병드는 것도 슬픔도 한탄도 괴로움도 걱정도 번뇌도 미운 이를 만나는 것도 사랑하는 이와 헤어지는 것도 욕구하는 것을 얻지 못하는 것도, 즉 거의 인생의 모든 것이 그 자체로 고苦인 것이다.

이상과 같이, 사체 중 제1체인 고체苦諦는 인생에서 고苦의 현실에 대한 진리이며, 제2체인 집체集諦는 그러한 고苦의 원인에 대한 진리이다. 고체苦諦와 집체集諦는 고苦와 그 원인을 분석하는 것이다. 이에 비해서 제3체인 멸체滅諦와 제4체인 도체道諦는 고苦의 소멸에 관한 진리이다. 제4체인 도체道諦는 제3체인 멸체滅諦로 나아가는 길이다. 바꾸어 말하면 제3체인 멸체滅諦가 종극終極의 목적이며, 제4체인 도체道諦는 그것을 위한 수단이다. 그리고 팔정도는 그 구체적 내용인 것이다.

초전법륜에서는 중도, 팔정도, 사체의 순으로 설명하고 있는데, 중도와 팔정도는 사체의 제4체, 도체道諦의 내실을 이루는 것이다. 따라서 간략하게 말하면, 사체설四諦說은 팔정도에 귀착된다고 할 수 있을 것이다. 어쨌든 불교의 관심사는 고苦로부터의 구제인 것이다.

제3장

종교 Ⅱ : 기독교

예수 그리스도

기독교는 어떤 종교일까? 간략하게 말하면, 기독교는 예수 그리스도의 종교라고 할 수 있을 것이다. 성서에서는 '종교'라는 말을 사용하지 않고 '복음'이라는 말을 사용한다. 기독교란 예수 그리스도의 복음인 것이다. 그런데 '예수 그리스도의 복음'이라는 표현의 의미는 얼핏 양의적인 것처럼 생각된다. 왜냐하면 그것은 '예수 그리스도가 전한 복음'이라는 의미로도, 또 '예수 그리스도라는 복음'이라는 의미로도 해석되기 때문이다. 그러나 실은 둘은 하나이다. 즉 예수 그리스도는 자신을 전한 것이다. 예수 그리스도는 복음 그 자체인 것이다. 이는, 예수는 그리스도라는 것이다. 따라서 기독교의 가장 간결한 정의는 '기독교란, 예수는 그리스도라고 하는 가르침이다'라고 할 수 있을 것이다.

성서의 종교

이 가르침은 성서에 기술되어 있다. 따라서 '기독교란 성서의 종교이다'라고도 정의할 수 있다. 앞의 정의는 실질적이지만, 이 정의는 형식적이다. 성서는 구약성서와 신약성서로 이루어진다. 양쪽 다 기독교의 정전正典이다. 그러나 기독교가 생겨난 원류인 유대교는 기독교의 신약성서를 성서로 인정하지 않는다. 유대교에서 성서라고 하면, 기독교에서 말하는 구약성서만을 의미한다.

1. 성 서

불전과 성서

불교에는 기독교의 성서, 이슬람교의 코란과 같은 정전正典이란 것이 없다. 고대 인도에서도 경經·율律·논論의 '삼장三藏'에 그치지 않고, 사장四藏, 오장五藏도 있고, 더욱이 중국으로 들어오면 불교 전적典籍을 총칭해서 '대장경大藏經'또는 '일절경—切經'이라고 부르게 된다. 또한 일본에서는 종파의 조사祖師의 저술까지도 경經이라고 불리게 된다. 그리고 각 종파에 따라 그 근본경전이 달라진다. 불교의 경우, 많은 경전 중에서 어느 경전을 근본경전으로 선택할 것인가 하는 것이 이렇게 해서 문제가 되는 것이다. 이에 비해 기독교의 경우에는 가톨릭에서도, 정교에서도, 프로테스탄트에서도 정전은 유일하게 구약성서이다.

구약성서와 신약성서

구약성서란 오래된 계약의 서書이고, 신약성서란 새로운 계약의 서이다. 양자의 관계에 대해서 신약성서의 『히브리서』는 다음과 같이 쓰고 있다.

주께서 이르시되 볼지어다 날이 이르리니 내가 이스라엘 집과 유다 집과 더불어 새 언약을 맺으리라 또 주께서 이르시기를 이 언약은 내가 그들의 열조의 손을 잡고 애굽땅에서 인도하여 내던 날에 그들과 맺은 언약과 같지 아니하도다 그들은 내 언약 안에 머물러 있지 아니하므로 내가 그들을 돌보지 아니하였노라 또 주께서 이르시되 그날 후에 내가 이스라엘 집과 맺을 언약은 이것이니 내 법을 그들의 생각에 두고 그들의 마음에 이것을 기록하리라 나는 그들에게 하나님이 되고 그들은 내게 백성이 되리라 또 각각 자기 나라 사람과 각각 자기 형제를 가르쳐 이르기를 주를 알라 하지 아니할 것은 그들이 작은 자로부터 큰 자까지 다 나를 앎이라 내가 그들의 불의를 긍휼히 여기고 그들의 죄를 다시 기억하지 아니하리라 하셨느니라 새 언약이라 말씀하셨으매 첫 것은 낡아지게 하신 것이니 낡아지고 쇠하는 것은 없어져 가는 것이니라

〈『히브리서』 8장 8-13절 〈『성경전서 개역개정판』, 대한성서공회, 2001〉〉

이 편지 속에서 인용된 부분은 구약성서의 『예레미야』 31장 31-34절이다. 저자는 구약은 신약에 의해 '낡아지게 하신 것'이기 때문에 '없어져 가는 것이니라'라고 쓰고 있지만, 이는 단지 구약이 신약에 의해 부정된다는 단순한 의미는 아니라고 생각된다. 오히려 구약은 신약에 의해 부정됨으로써 도리어 완성되는 것이라고 해석되어야 할 것이다. 『마태복음』에서 예수는 다음과 같이 말하고 있는 것이다.

내가 율법이나 선지자를 폐하러 온 줄로 생각하지 말라 폐하러 온 것이 아니요 완전하게 하려 함이라 진실로 너희에게 이르노니 천지가 없어지기 전에는 율법의 일점일획도 결코 없어지지 아니하고 다 이루리라 그러므로 누구든지 이 계명 중의 지극히 작은 것 하나라도 버리고 또 그같이 사람을 가르치는 자는 천국에서 지극히 작다 일컬음을 받을 것이요 누구든지 이를 행하며 가르치는 자는 천국에서 크다 일컬음을 받으리라 내가 너희에게 이르노니 너희 의가 서기관과 바리새인보다 더 낫지 못하면 결코 천국에 들어가지 못하리라

〈『마태복음』 5장 17-20절〉

여기서 '율법이나 선지자'라고 하는 것은 구약성서를 말한다. 예수는, 나는 구약성서를 폐지하기 위해서가 아니라 완성하기 위해서 온 것이라고 말하고 있는 것이다. 물론 이 완성은 직접적·동일성적同一性的 완성이 아니라 부정매개적否定媒介的·변증법적 완성이다. 그렇기 때문에 기독교는 유대교의 정전인 구약성서를 그저 부정하는 것이 아니라 정전으로 남긴 것이다.

신약성서의 구성

성서는 구약성서 부분이 『창세기』에서 『말라기』까지 39권과 신약성서 부분이 『마태복음』부터 『요한계시록』까지 27권, 합쳐서 총 66권으로 이루어진다. 구약성서는 주로 히브리어이고, 신약성서는 그리

스어로 씌어 있다. 예수 그리스도의 복음을 직접적으로 증거하고 있는 신약성서는 복음서와 사도행전과 사도들의 편지와 계시록으로 이루어진다. 복음서는 공관복음서共觀福音書라 불리는 『마태복음』, 『마가복음』, 『누가복음』의 세 복음서와 제4복음서라 불리는 『요한복음』으로 이루어진다. 공관복음은 공통적으로 예수의 생애와 십자가 위의 죽음과 그 죽음으로부터의 부활과 부활 후 제자들에게 현현顯現하신 것에 대해 이야기하고 있다. 그에 비해 제4복음서는 공관복음서와는 다른 입장에서 씌어져 있다. 상대적인 의미에서지만 공관복음이 보다 역사적이라고 할 수 있다면, 제4복음서는 보다 신학적이라고 할 수 있을 것이다.

『사도행전』은 베드로나 바울과 같은 사도들의 언행에 대한 기록이다. 편지는 모두 21통 있고, 그 중에 13통은 발신인이 바울로 되어 있다. 그러나 오늘날 바울의 진필이라고 여겨지는 것은 그 중 7통으로, 나머지 6통은 바울과 가까운 동역자가 쓴 것이라고 생각되고 있다. 이들을 총칭해서 제2바울이라고 한다. 『요한계시록』은 세상의 종말에 대한 계시록이다.

저자와 집필연대

27권의 신약성서 중에서 명확히 저자를 확정지을 수 있는 것은 『누가복음』과 『사도행전』과 바울에 의한 7통의 편지뿐이다. 이 중에서 처음의 2통은 그리스인인 누가가 쓴 것이다.

신약성서 중에서 집필연대가 가장 오래된 것은 바울의 편지로 50년대에 씌어졌다. 다음은 공관복음서로『마가복음』과『마태복음』이 70년대,『누가복음』이 80년대에 씌어졌다.『사도행전』은『누가복음』에 뒤이어 씌어졌다고 추정해도 좋을 것이다.

복음서의 자료

공관복음서 중에서 가장 오래된 것은『마가복음』인데,『마태복음』과『누가복음』은, 이『마가복음』이 저본底本으로 하고 있는「원原마가자료」를 기초로 해서, 거기에 양자 모두 예수의 어록을 이용하고 있다. 또한 둘 다 각각 특유의 자료를 가지고 있다. 이와 같이 공관복음서의 자료는 셋에 공통되는 원마가자료와『마태복음』과『누가복음』에만 공통되는 예수 어록과 이 둘 각각에 있는 특유의 자료로 이루어진다.

2. 예수 그리스도

베드로의 신앙고백

예수의 2년 전후의 짧은 전도 생애에서 전환점을 이루는 것은 빌

립보 가이사랴에서의 베드로의 신앙고백이다. 『마가복음』은 그것을
다음과 같이 전하고 있다.

예수와 제자들이 빌립보 가이사랴 여러 마을로 나가실새 길에서 제자
들에게 물어 이르시되 사람들이 나를 누구라고 하느냐 제자들이 여짜와
이르되 세례 요한이라 하고 더러는 엘리야 더러는 선지자 중의 하나라
하나이다 또 물으시되 너희는 나를 누구라 하느냐 베드로가 대답하여
이르되 주는 그리스도시니이다 하매 이에 자기의 일을 아무에게도 말하
지 말라 경고하시고

〈『마가복음』 8장 27-30절. 평행기사 『마태복음』 16장 13-20절,
『누가복음』 9장 18-21절 참조〉

'그리스도'의 그리스어는 '크리스토스'이다. 크리스토스란 히브리
어의 '마시아하', 또는 예수 시대에 팔레스티나Palestina(팔레스타인)
의 일상어였던 아람어 '메시하'의 그리스어역이다. 뜻은 '기름부음
받은 자'라는 뜻으로 왕을 의미했다. 왕은 즉위식에서 기름부음을
받았기 때문이다.

복음서의 목적

『마가복음』의 베드로는 '주는 그리스도시니이다'라고 고백하고 있지만, 『마태복음』에서는 '주는 그리스도시요 살아 계신 하나님의 아들이시니이다'라고, 그리고 『누가복음』에서는 '하나님의 그리스도시니이다'라고 고백하고 있다. '그리스도'는 '하나님의 그리스도'이며, '하나님의 아들'인 것이다. 『마가복음』에서도 그 처음인 1장 1절의 말은 '하나님의 아들 예수 그리스도의 복음의 시작'이라는 것이다. 예수는 그리스도이고, 예수 그리스도는 하나님의 아들이라고 말하는 것이다. 『요한복음』은 그 끝에서 다음과 같이 쓰고 있다.

> 예수께서 제자들 앞에서 이 책에 기록되지 아니한 다른 표적도 많이 행하셨으나 오직 이것을 기록함은 너희로 하여금 예수께서 하나님의 아들 그리스도이심을 믿게 하려 함이요 또 너희로 믿고 그 이름을 힘입어 생명을 얻게 하려 함이니라
>
> 〈『요한복음』 20장 30-31절 (*21장은 후에 가필된 부록이다)〉

여기에 복음서의 목적이 명확히 기술되어 있다. 즉 복음서는 독자에게 예수가 하나님의 아들 그리스도임을 믿게 하고, 그로 인해 생명을 얻게 하기 위해 씌어진 것이다. 공관복음서의 후반은 빌립보 가이사랴에서의 베드로의 신앙고백과 예수의 처형에 입회한 로마군 백부장의 '정말로 이 사람은 하나님의 아들이었다'고 하는 깊은 술회가 틀을 이루고 있다. 『요한복음』은 물론이고, 보다 역사적이라고 하는

공관복음서도 위에서 기록한 목적을 위해서 씌어진 것이다. 따라서 그 서술 전부가 역사적이라고는 말하기 어려울 것이다. 그러나 역사적 사실을 핵으로 하고 있다는 것은 부정할 수 없다.

신앙고백 정형定型

바울은 어느 편지 중에서 이렇게 말하고 있다.

> 내가 받은 것을 먼저 너희에게 전하였노니 이는 성경대로 그리스도께서 우리 죄를 위하여 죽으시고 장사 지낸 바 되셨다가 성경대로 사흘 만에 다시 살아나사 게바에게 보이시고 후에 열두 제자에게와
>
> 〈『고린도전서』 15장 3-5절〉

'성경대로……후에 열두 제자에게와'라고 하는 부분은 통상, 원시原始 교단의 신앙고백 정형이라고 일컬어지는 것으로, 스스로 말하듯이 바울은 이것을 전승傳承으로 이어받은 것이다. 여기서 네 가지를 말할 수 있다. 즉 그리스도의 죽음과 매장과 부활과 현현顯現이다.

예수가 예루살렘 성 밖의 골고다 언덕에서 십자가형에 처해진 것은 역사적 사실이다. 기원 30년경으로 추정된다. 더불어 예수가 태어난 해는 기원전 4년에서 기원전 7년 사이로 추정되고 있다. '성경대로 그리스도께서 우리 죄를 위하여 죽으시고'이라는 구절에서 '성

경'이란, 구약성서의 『이사야』 53장을 가리킨다. 예수의 죽음은 역사적 사실이지만, 그것을 속죄의 죽음이라고 해석하는 것은 신앙이다. 다음으로 '매장된 것'도 죽음과 마찬가지로 역사적 사실이다. '아리마대 사람으로 존경받는 공회원 요셉'이 예수의 유해를 '바위 속에 판 무덤' 속에 묻은 것이다(『마가복음』 15장 42-47절 및 평행기사 참조). 세 번째로 예수가 3일 만에 부활했다고 한다. 그리고 그것은 구약성서 『호세아』 6장 2절의 예언의 성취라고 한다. 부활도 그 다음의 현현도 사실이다. 그러나 그것들은 신앙에 있어서의 사실이지, 보통의 의미로서의 사실이 아니다. 왜냐하면 그것들은 영적 사실이되 지각적 사실이 아니기 때문이다.

부활의 신앙

기독교의 기원은 예수가 다시 살아났다고 하는 신앙에 있다. 예수가 포박되어 재판에 걸려 처형이 불가피하게 되었을 때, 모든 제자들은 당국의 추궁을 무서워하여 자신들의 주主를 버리고 도망, 잠복하였다. 그러나 그러한 제자들이 어느 때인가부터 박해를 무서워하지 않고, 주의 부활의 증인으로 결연히 일어났던 것이다. 도대체 무엇이 있었던 것인가? 그것은 성서에 의하면 예수가 부활하고 그들 앞에 현현하였기 때문이다. 기독교가 성립하는 것도, 쓰러지는 것도, 예수의 부활에 달려있는 것이다. 바울은 어느 편지 속에서 다음과 같이 말하고 있다.

그리스도께서 죽은 자 가운데서 다시 살아나셨다 전파되었거늘 너희 중에서 어떤 사람들은 어찌하여 죽은 자 가운데서 부활이 없다 하느냐 만일 죽은 자의 부활이 없으면 그리스도도 다시 살아나지 못하셨으리라 그리스도께서 만일 다시 살아나지 못하셨으면 우리가 전파하는 것도 헛것이요 또 너희 믿음도 헛것이며 또 우리가 하나님의 거짓 증인으로 발견되리니 우리가 하나님이 그리스도를 다시 살리셨다고 증언하였음이라 만일 죽은 자가 다시 살아나는 일이 없으면 하나님이 그리스도를 다시 살리지 아니하셨으리라 만일 죽은 자가 다시 살아나는 일이 없으면 그리스도도 다시 살아나신 일이 없었을 터이요 그리스도께서 다시 살아나신 일이 없으면 너희의 믿음도 헛되고 너희가 여전히 죄 가운데 있을 것이요 또한 그리스도 안에서 잠자는 자도 망하였으리니 만일 그리스도 안에서 우리가 바라는 것이 다만 이 세상의 삶뿐이면 모든 사람 가운데 우리가 더욱 불쌍한 자이리라

〈『고린도전서』 15장 12-19절〉

3. 예수의 가르침

가장 중요한 계명1)

공관복음서에 다음과 같이 한 사람의 율법학자(서기관)와 예수와의 문답이 기록되어 있다.

> 서기관 중 한 사람이 그들이 변론하는 것을 듣고 예수께서 잘 대답하신 줄을 알고 나아와 묻되 모든 계명 중에 첫째가 무엇이니이까 예수께서 대답하시되 첫째는 이것이니 이스라엘아 들으라 주 곧 우리 하나님은 유일한 주시라 네 마음을 다하고 목숨을 다하고 뜻을 다하고 힘을 다하여 주 너의 하나님을 사랑하라 하신 것이요 둘째는 이것이니 네 이웃을 네 자신과 같이 사랑하라 하신 것이라 이보다 더 큰 계명이 없느니라 서기관이 이르되 선생님이여 옳소이다 하나님은 한 분이시요 그 외에 다른 이가 없다 하신 말씀이 참이니이다 또 마음을 다하고 지혜를 다하고 힘을 다하여 하나님을 사랑하는 것과 또 이웃을 자기 자신과 같이 사랑하는 것이 전체로 드리는 모든 번제물과 기타 제물보다 나으니이다 예수께서 그가 지혜 있게 대답함을 보시고 이르시되 네가 하나님의 나라에서 멀지 않도다 하시니 그 후에 감히 묻는 자가 없더라
>
> 〈『마가복음』 12장 28-34절. 평행기사 참조〉

---

1) 세 공관복음서에 있다. 제1의 계명은 구약성서의 『신명기』 6장 5절로부터, 제2의 계명은 마찬가지로 『레위기』 19장 18절로부터의 인용이다. 예수는 이 두 가지 계명으로 구약성서 전체를 묶고 있는 것이다.

신에 대한 사랑

　'네 마음을 다하고 목숨을 다하고 뜻을 다하고 힘을 다하여 주 너의 하나님을 사랑하라'고 말하지만, 우리들은 이렇게 스스로 기꺼이 신을 사랑할 수가 있을 것인가? 성서는 이렇게 말하고 있다. '우리가 사랑함은 그가 먼저 우리를 사랑하셨음이라'(『요한1서』 4장 19절). 신이 우리를 사랑해 주셨다는 것은 신의 아들이 우리를 위해 목숨을 버린 일이다. 성서는 이렇게 말한다. '그가 우리를 위하여 목숨을 버리셨으니 우리가 이로써 사랑을 알고'(상게서 3장 16절). 또 바울은 이렇게 쓰고 있다. '우리가 아직 죄인 되었을 때에 그리스도께서 우리를 위하여 죽으심으로 하나님께서 우리에 대한 자기의 사랑을 확증하셨느니라'(『로마서』 5장 8절). 만일 우리가 신을 사랑할 수 있다고 한다면 그것은 신이 우선 예수의 십자가의 죽음을 통해 우리에 대한 사랑을 보여주셨기 때문이다. 그리고 십자가의 죽음은 대속代贖의 죽음이다 라고 하는 것이다. 『마가복음』은 이렇게 쓰고 있다. '인자가 온 것은 섬김을 받으려 함이 아니라 도리어 섬기려 하고 자기 목숨을 많은 사람의 대속물로 주려 함이니라.'

(『마가복음』 10장 45절. 『마태복음』 20장 28절 참조)

이웃사랑

'네 이웃을 네 자신과 같이 사랑하라'고 한다. 그것은 어떠한 것일까? 어느 율법 전문가의 '내 이웃이 누구니이까'라는 물음에 대하여 예수는 다음과 같이 답하여 말씀하셨다.

어떤 사람이 예루살렘에서 여리고로 내려가다가 강도를 만나매 강도들이 그 옷을 벗기고 때려 거의 죽은 것을 버리고 갔더라 마침 한 제사장이 그 길로 내려가다가 그를 보고 피하여 지나가고 또 이와 같이 한 레위인도 그곳에 이르러 그를 보고 피하여 지나가되 어떤 사마리아 사람2)은 여행하는 중 거기 이르러 그를 보고 불쌍히 여겨 가까이 가서 기름과 포도주를 그 상처에 붓고 싸매고 자기 짐승에 태워 주막으로 데리고 가서 돌보아 주니라 그 이튿날 그가 주막 주인에게 데나리온 둘을 내어 주며 이르되 이 사람을 돌보아 주라 비용이 더 들면 내가 돌아올 때에 갚으리라 하였으니 네 생각에는 이 세 사람 중에 누가 강도 만난 자의 이웃이 되겠느냐 이르되 자비를 베푼 자니이다 예수께서 이르시되 가서 너도 이와 같이 하라 하시니라

〈『누가복음』 10장 30-37절〉

---

2) 예수 시대부터 현대까지 이어지고 있는 유대교 그룹의 하나로 시켐에 살며, 게리짐 산에 성소(聖所)를 갖는다. 이 점이 사마리아인 공동체가 예루살렘을 중심으로 하는 유대인 공동체와 결정적으로 다른 첫 번째 점이고, 두 번째 점은 진정한 제사직의 전통은 사마리아인 공동체에 계승되고 있다고 주장하는 것이다. 그리고 세 번째 점은 모세를 유일의 예언자라 하고 다른 예언자를 인정하지 않는 점이다.

나의 '이웃'이란 어떤 사람이든지간에, 우선 나 자신이 그 사람의 이웃이 됨으로써 내 이웃으로 주어지는 사람을 말한다. 우리는 자기 자신을 다른 사람처럼 사랑하지는 않는다. 자신을 자신으로서, 즉 자기 자신의 입장에 서서 사랑한다. 그와 같이 '이웃을 자신과 같이 사랑한다'는 것은 우리들이 우리들 자신의 입장을 떠나서 또는 버리고서, 우리들의 이웃이 될 사람의 입장에 섬으로써 그 사람의 곤궁을 돕는 것이다. '내 이웃이란 누구인가'라는 물음 자체가 근본적으로 잘못된 것이다. 우리들은 누구든, 스스로가 어떤 이의 이웃이 됨으로써 그 사람을 이웃으로 부여받는 것이다.

신에 대한 사랑과 이웃사랑

'하나님을 사랑하라'고 하는 제1의 계명과 '사람을 사랑하라'고 하는 제2의 계명은 불일불이不―不二의 관계에 있다. 구체적으로 제1의 계명은 제2의 계명의 모양을 취하는 것이다. 예수는 이렇게 말씀하고 있다. '너희가 나를 사랑하면 나의 계명을 지키리라'(『요한복음』 14장 15절). 그리고 거듭 말씀하신다. '내가 이것을 너희에게 명함은 너희로 서로 사랑하게 하려 함이라'(상게서 15장 17절)하고. 하나님을 사랑한다고 하면서 다른 사람을 사랑하지 않는 사람은 거짓된 사람인 것이다(『요한1서』 4장 20절 참조).

우리들은 이 계명들을 따를 수 있다. 만약 그렇다면, 그것은 우리들에게 이 계명들을 명하고 계시는 분 그 스스로가 우리의 이웃이 되어 우리를 사랑해 주셨다고 하는 은혜로운 사실에 기반하는 것이다. 그렇지 않으면 두 가지 계명은 외부로부터 우리들에게 강제되는 율법이 되어 버릴 것이다. 진정으로 두 가지 계명의 가능성의 근거는 하나님의 우리에 대한 사랑인 것이다. '하나님은 사랑이시라'(『요한1서』 4장 16절).

신앙과 사랑

하나님을 믿는 것은 하나님을 사랑하는 것이다. 그리고 하나님을 사랑하는 것은 사람을 사랑하는 것이다. 그러면 하나님을 믿는 것은 사람을 사랑하는 것인가? 바울은 믿음은 사랑으로써 역사하는 것이라고 말하고 있다(『갈라디아서』 5장 6절 참조). 또 『고린도전서』에 있는 '사랑의 찬가'에서는 '믿음, 소망, 사랑, 이 세 가지는 항상 있을 것인데 그 중의 제일은 사랑이라'고 단언하고 있다(13장 13절). 진정으로 사랑은 믿음의 에네르게이아(완성태完成態)인 것이다.

제4장

종교 Ⅲ : 이슬람교

이슬람

이슬람교의 '이슬람'(Islām)이란 아라비아어로 '복종'을 의미한다. 즉 유일한 신 알라(Allāh)에 대한 절대적 복종을 말하는 것이다. 종교가 일반적으로 인간과 신과의 관계를 의미한다고 한다면, 이슬람이라는 것 자체가 이미 종교라고 하지 않으면 안 된다. 따라서 '이슬람교'라는 표현은 적절하지 않을지도 모른다. 그러나 여기서는 '불교' 및 '기독교'와의 관계에서 군이 '이슬람교'라는 표현을 쓰기로 하겠다.

1. 역사적 무대

아라비아 반도

기원 7세기 전반에 무함마드에 의해 일어난 이슬람교의 역사적 무대는 아라비아 반도이다. 아라비아 반도는 동쪽의 페르시아만, 서쪽의 홍해에 끼인 반도이며, 북쪽은 시리아, 메소포타미아로 이어지고, 남쪽은 인도양에 면해있다. 페르시아만을 끼고는 강 건너에 페르시아가 있고, 홍해를 끼고는 건너편에 이집트, 이디오피아가 있다. 서해안 연안의 남부는 예멘이고, 북부는 히자스라고 불리는 지방이다. 히자스의 더 북쪽에 시나이 반도가 있다. 아라비아 반도를 둘러싸듯이 해서 페르시아, 바빌론, 시리아, 이디오피아 제국諸國이 있고, 인도양 연안에는 인도가 있다. 예로부터 이 모든 나라들은 왕성하게 교역을 해 왔는데, 서해안 지방은 교통의 요지로서 번성하였다.

메 카

국제무역의 중간시장으로 번성한 도시들 중에서 최대의 도시는 서해안 지대의 대략 중앙에 위치하는 메카이다. 이슬람교는 이 메카에서 일어났다. 당시의 아라비아 사회는 부족 사회였다. 메카는 아라비아의 명문부족인 쿠라이시족에 의해 지배되고 있었다. 메카가 쿠라이시족에 의해 지배되기에까지 이른 것은 물론 그들이 상재商材가 뛰어나고 경제력을 가지고 있었기 때문이지만, 다음의 두 점을 간과해서는 안 될 것이다. 첫째는 그들이 메카에서 많지 않은 식수터 중 중요한 것을 독점하고 있었다는 점이다. 사막을 왕래하는 베두인 Bedouin에게 있어서 물이 얼마나 중요한 것인지는 논할 필요도 없을 것이다. 참으로 물은 생명 그 자체였던 것이다. 이 사실은 코란에도 구약성서에도 계속해서 이야기되는 바이다. 둘째로 그들은 '카바의 수호역守護役'으로서 카바 신전神殿에 대해 절대적인 권한을 가지고 있었다는 점이다. 이 신전에는 각 부족의 우상이 안치되어 있었다. 평소에는 대립항쟁을 반복하는 각 부족도 일 년에 한 번 있는 축제 때에는 그것을 중지하였다. 이와 같이 하여 메카는 쿠라이시족의 메카이며, 쿠라이시족은 메카의 쿠라이시족이었다.

메디나

무함마드가 메카에서 메디나로 천행遷行(헤지라Hijrah)을 감행한 기원 622년은 이슬람력의 원년인데, 여정으로 쳐서 2일 정도의 거리 밖에 떨어져 있지 않은 두 도시는 눈에 띄는 대조를 이루고 있다. 메카의 유력 부족인 쿠라이시족은 북아라비아인이지만, 메디나의 아라비아인은 남아라비아인인 예멘인이다. 더구나 이 도시를 지배하고 있었던 것은 유대인이었다. 경제력은 유대인이 쥐고 있었다. 메디나는 유대인의 메디나였던 것이다. 메디나(바르게는 마다나)는 아라비아어로 '도시'를 뜻한다. 무함마드의 도시라는 말이다. 메디나는 본래 야스리브라고 불렀는데, 헤지라 이후 그렇게 불리게 되었다. 종교적으로는 메카가 다신교의 도시였는데, 메디나는 일신교의 도시였다.

2. 무함마드

무함마드Muhammad의 몰년은 확실하지만(기원 632년, 헤지라력 11년), 그가 태어난 해에 대해서는 확실한 것을 알 수가 없다. 그러나 대략 기원 570년 무렵이라고 이야기한다. 40세경에 소명召命을 경험하지만, 그때까지의 생애에 대해서도 자세한 것은 잘 모른다. 이하 정설적定說的인 무라마드전傳에 따라 서술하기로 하겠다.

고아로서

무함마드는 출생 전에 이미 아버지를 잃고, 생후 얼마 되지 않아 어머니를 잃었다. 조부에 의해 길러지지만 이 조부도 곧 죽고, 숙부인 아부 따리브에게 떠맡겨져 보살핌을 받게 된다. 그는 고아로 자란 것이다. 『코란』에는 '부모 없는 아이'라는 테마가 반복되어 나오는데 이는 무함마드의 성장과정과 깊이 관련되어 있다고 생각된다. 예를 들면, 『코란』의 제93장 9절에는 '알겠는가, 고아는 결코 괴롭혀서는 안 된다'라고 나온다(『코란コーラン』 이즈쓰 도시히코井筒俊彦 역, 이와나미문고岩波文庫, 이하 같음). 알라는 약한 자, 작은 자에게는 동정심이 많은 것이다. 구약성서의 신 여호와도 그렇다. 『신명기』에서는 다음과 같이 말하고 있다.

너희의 하나님 여호와는 신 가운데 신이시며 주 가운데 주시요 크고 능하시며 두려우신 하나님이시라 사람을 외모로 보지 아니하시며 뇌물을 받지 아니하시고 고아와 과부를 위하여 정의를 행하시며 나그네를 사랑하여 그에게 떡과 옷을 주시나니 너희는 나그네를 사랑하라 전에 너희도 애굽 땅에서 나그네 되었음이니라   〈『신명기』 10장 17-19절〉

아내 하디자

무함마드는 25세쯤 메카의 쿠라이시족에서 으뜸가는 대부호 하디자Khadījah와 결혼했다. 그녀는 유력한 상인의 과부로 고결한 인격을 갖추었고, 여장부에다 애정이 깊은 부인이었다. 이미 40세였다. 그녀는 자기 상점의 사용인인 무함마드에게 첫 눈에 반해 결혼을 신청한 것이다. 무함마드는 일약 큰 부자가 되었다. 이 하디자라는 여성의 존재가 없이 무함마드의 새로운 종교가 성립했을지는 의심스럽다. 이즈쓰 도시히코井筒俊彦는 그에 대해 다음과 같이 말하고 있다.

마음 약한 일개 상인 무함마드를 '예언자 무함마드'로서 확실히 세운 것은 다름 아닌 하디자였다. 너무나도 강렬한 소명체험으로 어질어질하고, 악령의 짓이 아닌가 의심하여 망설이고 있던 남편을 위하여 그것이 신의 역사임을 설명하고, 마침내 납득시킨 것도 그녀였다. 아직 누구 하나 그를 믿는 사람이 없을 때, 그녀만은 전면적으로 그를 믿고, 그의 최초의 신자가 되었다. 나중에 메카 상인들의 박해를 받아 절망과 비참의 구렁텅이에 빠졌을 때도 그녀만은 그를 확실히 받쳐주며 떠나지 않았다. 하디자라는 아내가 곁에 없었다면 아마도 무함마드는 신종교의 시조는 되지 못했을 것이다.

〈『イスラーム生誕』井筒俊彦 著作集 第2卷, 中央公論社, p.67〉

소명체험

무함마드는 좋은 아내가 있었으며 부유한 상인으로서 행복한 날들을 보내고 있었는데, 40세가 될 즈음부터 때때로 발작과 같이 고독과 명상에 대한 욕구가 엄습하였다. 그럴 때 그는 메카 근교의 히라산 동굴에 묵으면서 금욕생활을 하는 것을 당연시하고 있었다.

라마단 달(이슬람력의 기원이 된 태음력 9월)의 어느날 밤에 일어난 일이었다. 여느 때와 마찬가지로 금욕생활을 하고 있을 때 초자연적이고 압도적인 힘이 그를 엄습하여 말한다.

> 읽어라, '창조주이신 주의 이름으로.
> 작디작은 응혈로부터 인간을 창조하셨다.'
> 읽어라, '너의 주는 지극히 고마우신 분,
> 붓 잡는 법을 가르쳐 주신다,
> 인간에게 미지의 것을 가르쳐 주신다.'　　　　〈『코란』 96장 1-5절〉

나중에 그는 이 초자연적인 힘이 지브릴(가브리엘)이었음을 깨닫는다. 천사 지브릴의 모습을 보았다고 하는 무함마드의 말을 듣고 메카의 사람들은 그가 샤이탄(사탄)에 홀려서 정신이 이상해졌다고 믿었다. 그때 알라의 말이 임한다.

너희들의 동료는 결코 귀신 붙은 자가 아니다.

확실히 생생하게 지평선 저쪽에 그 모습을 그는 뵈었다.

그는 불가사의한 일을 숨기는 사내가 아니다.

이것은 결코 저주받은 사탄의 말이 아닌 것이다.

그런데도 너희들은 어찌 당치도 않은 생각을 하는가.

참으로 이것이야 말로 살아 있는 모든 것을 위한 게시, 너희들 중 바른길을 걷고자 소망하는 자를 위한 게시인 것이다.

하지만 본디부터 만유萬有의 주이신 알라의 마음 없이는 그런 소망이 너희들의 가슴 속에 움트는 일조차 없을 터인데. 〈상게서 81장 22-29절〉

'그 모습'이란 천사 지브릴의 모습을 말하는 것이다. 지브릴이 무함마드에게 말하기를, 알라는 그대를 통해서 '인간에게 미지의 것을 가르쳐 주신다'라고 하였다. 코란은 알라의 천계天啓로서의 가르침인 것이다.

천행遷行(헤지라)

뒤에서도 보겠지만, 무함마드가 말하는 신종교는 유일신교이며, 전통적인 다신교와 근본적으로 대립된다. 또 신종교는 약한 자, 작은 자들의 입장에 섰기 때문에 메카의 지배계급인 쿠라이시족으로부터 위험시되어 여러 가지로 공격을 받았다. 그러나 아내 하디자와 숙부인 아부 따리브는 그를 지지했다. 그랬던 만큼 그들이 잇달아 세상을 떠났을 때 무함마드는 파멸 직전까지 몰렸다. 이와 같은 위기적 상황 속에서 기사회생의 방책으로 감행된 것이 메디나로의 천행(혜지라)이었다.

이슬람 공동체의 결성

무함마드는 메디나에서 이슬람 공동체 (움마Ummah)를 결성했다. 움마는 단순히 종교집단일 뿐만 아니라 동시에 정치집단이기도 했다. 정교일치인 것이다. 이는 이슬람교의 특징이다. 움마는 이미 혈연에 의해 성립되는 부족 공동체가 아니라, 이슬람에 의해 성립되는 자유로운 열린 공동체인 것이다.

메디나로 이주한 무함마드는 처음에는 유대인과 우호적인 관계를 맺고 있었지만, 이윽고 대립이 나타나기 시작했다. 그 상징적인 사건이 키브라Qibrah, 즉 예배 방향의 변경이다. 처음에 키브라는 예루살렘이었지만, 이윽고 메카의 카바 신전으로 바뀌었다. 이 변경은 메디나의 유대인 세력에 대해서 뿐만 아니라, 메카의 쿠라이시족에 대해서도 이슬람 공동체의 독립을 선언하는 것이 되었다.

이슬람 공동체의 세력이 강대해짐에 따라 일단은 메디나에서 퇴거한 유대인 세력이 대거 메디나에 공격을 해오기 시작했다. 그러나 무함마드는 기발한 전략으로 격퇴하였다. 또 메카의 카바 신전에 대해서도 책략을 부려, 거기에 있는 무수의 우상을 철저하게 파괴했다. 무함마드는 모여든 무슬림Muslim(이슬람교도)을 앞에 두고, "이제 이교異敎 시대는 완전히 끝났다"고 선언했다. 카바 신전은 이슬람의 총본산總本山으로 변모한 것이다. 그때가 바로 헤지라력 9년, 기원 630년이었다. 그 후 헤지라력으로 11년, 기원 632년에 무함마드는 그의 처음이자 마지막 메카 순례를 달성한 후 조용히 숨을 거두었다.

3. 코란의 가르침

꾸 란

'코란'의 원어는 아라비아어로는 '꾸란Qur'ān'이라고 한다. 꾸란이란 '독송讀誦'을 뜻한다. 본래 꾸란은 묵독해야 할 것이 아니라 낭독되어야 할 것인 것이다. 꾸란은 그 아라비아어의 특성에 의해 배가되어 음악적이며 관능적이기조차 하다. 무함마드는 신내림의 황홀 상태 속에서 신의 말씀을 그대로 직접 전한 것이다. 꾸란은 신의 생생한 말씀인 것이다. 이 점은 성서의 말씀과는 다르다. 성서의 말씀도 계시의 말씀이긴 하지만, 말하는 자의 인격을 통과하고 있다. 예를 들면, 예언자 이사야의 말씀은 확실히 신의 말씀이기는 하지만, 이사야의 인격에 의해 매개되어 있다. 꾸란의 직접성은, 무함마드가 항상 2인칭으로 등장하며, 결코 1인칭으로 말하는 일은 없다고 하는 사실 속에 단적으로 나타나 있다.

전 114장으로 이루어진 코란의 편집 순서는 개략적으로 말하면 실제 계시의 순서와는 반대로 되어 있다. 계시는 초기(메카 시대), 중기 (메카·메디나 시대), 후기(메디나 시대)에 걸쳐 있는데, 후기의 계시가 처음 쪽에 놓여 있고, 그리고서 중기, 초기의 것이 온다. 초기의 것은 대체로 운문이며, 예각적銳角的이며, 서정성이 풍부하다. 이에 비해 후기의 것은 산문적이고 장황하다.

육신오행六信五行

코란의 가르침은 '육신오행'으로 정리할 수가 있다. 육신六信이란 알라, 천사들, 제 계전諸啓典, 예언자들, 최후의 심판, 그리고 천명天命 이라는 6가지에 대한 신앙이다. 오행五行이란 신앙고백, 예배, 단식, 희사喜捨, 그리고 순례라는 의무적 행위이다. 이슬람에 있어서 '신 信'(이만 Ĭmān)과 '행行'(이바다트 Ĭbādāt)이 불가분으로 여겨지고 있는 것은 매우 중요한 사실이다. 이는 인간의 정신과 신체는 불가분이라 고 하는 인간관에 기초하고 있다. 성서의 종교에서도 계약과 율법, 신앙과 행위는 불가분이라고 해석되고 있다. 구약성서의 종교도 이 슬람도 모두 셈인(셈 족 Sem人)의 종교이며, 거기에서 인간관은 정신 과 신체는 불이일체不二一體의 통합이라고 한다. 이것은 그리스적 이 원론二元論과는 근본적으로 다르다.

제1신앙조목, 알라Allāh를 믿을 것

코란은 이렇게 쓰고 있다.

> '이 분이야말로, 알라, 유일한 신,
> 많은 사람이 의지하여 모시는 알라이시니라.
> 자식도 없고, 부모도 없고,
> 견줄 자 없는 신이시니라.'　　　　　　　　〈112장 1-4절〉

이 112장에는 '신앙 오로지 한 길'(이즈쓰#簡 역) 또는 '진수真髓의 장'(후지모토 가쓰지藤本勝次 역)이라는 표제가 붙여져 있는데, 알라의 본질이 유감없이 씌어 있다. 알라는 유일한 신, 만물의 창조자이며, 전지전능한 살아있는 신인 것이다.

제2신앙조목, 천사(말라이카Malā'ika)를 믿을 것

코란은 이렇게 쓰고 있다.

> 찬송하라, 알라, 천지의 창조주. 천사들을 사자使者로 세워 주셨다.
> 그 날개는 둘, 셋, 그리고 넷. 수를 늘려 창조하심은 그분의 마음대로.
> 참으로 알라는 어떠한 일도 하실 수 있다.　　　　〈35장 1절〉

'수를 늘려 창조하심은 그분의 마음대로'라고 말씀하시듯, 천사들의 수는 알라만이 아신다는 것이다. 무함마드의 소명召命 때에 활약한 지브릴은 높은 위계의 천사로, 지상의 예언자들에게 알라의 의지를 전달하는 천사이다.

제3신앙조목, 천계天啓의 서書, al-Kutub를 믿을 것

믿어야 할 계전啓典은 한 권의 계전Kitāb이 아니라 복수의 계전 Kutub이다. 다해서 4개가 있다. 첫 번째는, 예언자 무사(모세)에게 내려진 『율법의 서』(소위 모세 5서)이다. 둘째는, 다윗(다비드)에게 내려진 『시편』이다. 셋째는, 이사(예수)에게 내려진 『복음서』이다. 그리고 마지막 네 번째는, 무함마드에게 내려진 『꾸란』이다. 꾸란 이외의 계전은 크건 작건 간에 인간적으로 개변改變되어 있으나, 꾸란은 알라의 생생한 말씀으로 이루어진 순수한 것이라고 믿어지고 있다.

제4신앙조목, 예언자(나비 Nabīy)를 믿을 것

나비는 '예언자預言者'이되 '예언자豫言者'가 아니다. 나비는 알라의 말을 받아 그것을 사람들에게 전달하는 자이다. 전승傳承(하디스 Hadīth)에 의하면, 많은 예언자가 있는데 꾸란에 나오는 것은 그 중의 27명이다. 특히 중요한 예언자는 아아담(아담), 누후(노아), 이브라힘

(아브라함), 무사(모세), 이사(예수), 그리고 무함마드로 6명이다. 그 중에서도 무함마드는 최후 최대의 예언자라고 말하여진다.

제5신앙조목, 최후의 심판(야움 루 끼야마 Yawm-I-Qiyāmah)

심판의 날에는 어떤 천사가 두 번 나팔을 분다. 첫 나팔로 그때 살아있는 자들 모두가 죽는다. 이어서 두 번째 나팔로 죽은 모든 자가 다시 살아난다. 그리고서 두 명의 천사로부터 신앙과 행위에 대해 심문을 받는다. 선행과 악행이 저울에 올려지고, 천국과 지옥으로 나누어진다. 구원의 기준은 신앙과 행위 양쪽에 있는 것이다. 본래 이슬람에서는 신앙과 행위를 나누지 않는다. 코란에서는 이렇게 말하고 있다.

> '자신의 얼굴을 알라께 다 바친 사람,
> 그리고 선행을 쌓는 사람은 (누구나) 신으로부터 포상을 받을 수 있다.
> 무서운 일도 당하지 않고, 슬픈 일도 당하지 않는다.'   〈2장 106절〉

제6신앙조목, 천명天命(까다르Qadar)

알라는 단순히 천지만물의 창조자일 뿐만 아니라, 인간이 하는 일 業의 창조자이기도 한 것이다. 코란은 이렇게 쓰고 있다.

'당신들 자신도,

당신들이 만드는 것도,

본래는 모두 알라께서 만드신 것이 아닙니까.'　　　〈37장 94절〉

인간의 자유의지自由意志에 기반한 행위도 알라의 예정 속에 있는 것이다.

자유의지는 예정을 실현하는 것이다.

제1행, 신앙고백(샤하다 Shahādah)

신앙고백이란, '알라 이외에 신은 없으며, 무함마드는 신의 사도使徒이다'라고 증언하는 일이다. 이 신앙고백은 육신오행 중에서 중심적 의의를 가지고 있다. 신앙을 고백하는 일을 계율로 명하고 있다는 점은 매우 중요하다.

제2행, 예배(살라트 Ṣalāt)

코란은 이렇게 쓰고 있다.

나는 알라이다. 나 이외에는 어떤 신도 없다.

그러므로 나를 숭배하라.

나를 마음에 두고 예배하라.   〈20장 14절〉

무슬림에게는 하루에 다섯 번의 예배를 하는 것이 의무가 되어 있다.

제3행, 단식(사움 Ṣawm)

코란은 이렇게 쓰고 있다.

신도들이여, 단식도 그대들이 지켜야만 하는 규율이다. 그대들보다 앞 시대 사람들의 경우와 마찬가지로. (이 규율을 잘 지키면) 분명 그대들에게도 진정으로 신을 경외하는 마음이 생길 것이다.   〈2장 179절〉

단식에는 라마단 때의 의무적인 단식과 임의의 단식이 있다. 일출 전부터 일몰까지 동안 음식을 끊고, 행동을 삼가며, 정신을 정화한다.

제4행, 희사喜捨(자카트 Zakāt)

코란은 이렇게 쓰고 있다.

정해진 기도를 바르게 드리고,

베풀기를 기쁜 마음으로 하고,

궤배跪拜하는 이들과 함께 궤배하라.　　　　　　　〈2장 40절〉

예배와 희사喜捨와 궤배跪拜 이 세 가지는 많은 경우 함께 나온다.

　신앙 오로지 한길로 알라를 받들며, 순정한 신앙의 사람으로서, 예배의 의무를 다하고, 희사를 베풀라는 오로지 그러한 명령이었을지니. 이것이야말로 참으로 올바른 종교의 진수眞髓일진대.　　　〈98장 4절〉

　여기서 희사가 얼마나 중요한 의무인가를 엿볼 수 있을 것이라 생각된다. 또한 코란에서의 희사는 후세의 이슬람법에서와 같이, 강제되는 것이 아니라 자발적으로 이루어지는 것이다.

제5행, 순례巡禮(하즈 Hajj)

코란은 이렇게 쓰고 있다.

　…… 누구든지 여기까지 여행해 올 능력이 있는 한,

　이 성전(카바 신전)에 순례하는 것은 인간으로서 알라에 대한 (신성한) 의무이다.　　　　　　　　　　　　　　　　　　〈3장 91절〉

하즈란 정해진 때에 메카의 카바 신전에 순례하는 것이다.

여기에 씌어 있듯이 하즈는 무슬림에게는 알라에 대한 의무이다. 하즈는 상당한 희생을 동반하지만, 그럼에도 불구하고, 그것을 단행하는 데 알라를 향한 절대적 귀의歸依의 신앙이 나타나 있다. 또 이 순례의 여행을 통해서 무슬림은 신앙 공동체에 속하는 자로서의 의식을 강하게 갖게 되는 것이다.

제5장

특수적 종교철학 Ⅰ :
불교적 종교철학

우리는 불교, 기독교, 이슬람교라는 세계 3대종교를 고찰해왔다. 다음으로 종교 일반의 철학의 성찰에 앞서, 각각의 종교의 입장을 전제하는 특수적 종교철학이라는 것을 성찰해 둘 필요가 있을 것이다. 첫 번째로 스즈키 다이세쓰(鈴木大拙)[1]에 의거하여 불교적 종교철학을 살펴보도록 하겠다.

1. 불교의 2대 지주

다이세쓰大拙는 '불교의 대의大意'라는 강의 중에서 대지大智와 대비大悲가 불교의 '두 가지 커다란 기둥'이라고 하며 다음과 같이 말하고 있다.

불교라고 하는 대건축을 얹고 있는 두 개의 대지주가 있는데, 하나를 반야般若 또는 대지大智라고 하고, 다른 하나를 대비大悲 또는 대자大慈라고 합니다. 지智는 비悲로부터 나오고, 비悲는 지智로부터 나옵니다. 원래는 하나인 것입니다만, 분별지分別智 상에서 말할 때 두 개의 것인 양 나누어지는 것입니다. 지즉비智卽悲, 비즉지悲卽智의 몸은 단순한 기하학적인 점도 아니며, 또 수학상의 1도 아닙니다. 이를 인격성人格性이

---

1) 스즈키 다이세쓰(鈴木大拙, 1870~1966)는 불교철학자. 영문 잡지와 저술로 불교를 세계에 알렸다. 철학자 니시다 기타로(西田幾多郎)는 평생의 벗. 『鈴木大拙全集』 별권 포함 32권 (岩波書店)이 있다.

라고 해도 좋을 것이라 생각합니다. 대지대비大智大悲는 살아있는 것입니다. 특히 대비라고 말할 때에는 살아있는 인격을 생각하지 않으면 안 됩니다. 그러나 이는 분별지分別智 상에서 말하는 인격이 아님은 말할 필요도 없습니다. 영성적靈性的 자각 위에 나타나는 것이기 때문에 이를 신격神格으로 보아도 됩니다.

〈「仏教の大意」鈴木大拙全集 第7卷, 岩波書店, p.44〉

대지大智와 대비大悲

이제는 일반적으로 다음과 같이 말할 수 있을 것이다. 즉 대지大智란 그에 의해 깨달음을 얻는 지혜이며, 대비大悲란 이미 이와 같은 지혜를 얻은 부처 또는 보살의, 중생을 제도濟度하고 싶다는 중생에 대한 자비이다, 라고. 대지大智와 대비大悲, 또는 지혜와 자비, 이 두 가지가 불교의 2대 지주라고 하는 것이다.

그러나 이 두 가지는 두 개의 별개의 것이 아니라, '지즉비智即悲', '비즉지悲即智'라고 한다. 여기서 '즉即'을 어떻게 해석하는가는 하나의 문제일 것이다. 분명 지智와 비悲는 두 개의 별개의 것이기는 하다. 바꾸어 말하면, 둘은 서로 비연속非連續이라고 하지 않으면 안 된다. 그러나 그럼에도 불구하고, 둘은 단지 그뿐 아니라 하나인 것이다. 바꾸어 말하면, 둘은 서로 연속하고 있는 것이다. 즉 둘은 비연속의 연속으로서 불일불이不一不二인 것이다. 이는 붓다가 깨달음을 얻었을 때, 처음에는 그 깨달아 얻은 법을 사람들에게 설명하려고는 하지 않았으나, '범천梵天의 권청勸請'에 의해 설명하기로 결의한 것을 상기해 보면 수긍이 될 것이다. 법의 깨달음은 지혜이며, 중생을 향한 설법은 자비이다. 지혜와 자비와의 관계는 비연속의 연속이며, 이와 같은 의미에서 둘은 불일불이인 것이다.

지성계知性界와 영성계靈性界

'지즉비智卽悲, 비즉지悲卽智'라는 진리는 영성적 진리이지 지성적 진리가 아니다. 다이세쓰는 말한다. '결국 불교의 근본의根本義는 대상계對象界를 초월하는 것입니다'라고(상게서 p.18). 대상계는 분별계分別界이며, 이 세계를 지배하는 논리는 'A는 A이다'라고 하는 동일률同一律, 또는 'A는 A가 아닌 것이 아니다'라고 하는 모순율矛盾律이다. 이들은 지성의 법칙이다. 또 지성의 법칙으로서 등가等價이다. 이에 비해 초대상계超對象界는 대상계와는 달리 무분별계無分別界이다. 그러나 중요한 것은 지성계와 영성계, 또는 대상계와 초대상계, 또는 분별계와 무분별계라는 식으로 단순히 두 가지 별개의 세계가 있는 것은 아니라는 것이다. 두 세계는 동시에 동일의 세계인 것이다. 두 세계를 두 가지 별개의 세계로 파악해 버리는 것은 그야말로 지성적 분별이다. 영성의 입장에 설 때 분별과 무분별의 동일성의 논리, 즉 즉비卽非의 논리가 성립하는 것이다. 여기까지 이르러 논의를 더 진행해 가기 위해서는 '영성'및 '즉비의 논리'라는 것에 대해 설명을 하는 것이 불가결할 것이다.

영 성

이 말은 다이세쓰에 있어 술어術語이다. 그는 이와 같이 말하고 있다.

> 정신 또는 마음을 물건(물질)에 대치시킨 생각 속에서는, 정신을 물질에 넣고, 물질을 정신에 넣을 수가 없다. 정신과 물질의 깊숙한 곳에 또 다른 무언가를 보지 않으면 안 되는 것이다. 두 가지가 대치하는 한, 모순·투쟁·상극·상살相殺과 같은 것은 피할 수 없으며, 그래서는 인간은 도저히 살아갈 수가 없다. 무언가 둘을 감싸서 그 둘이 결국은 둘이 아니고 하나이며, 또 하나이면서 그대로 둘이라는 것을 보는 것이 있어야만 한다. 이것이 영성이다.
>
> 〈鈴木大拙『日本的霊性』岩波文庫, p.16〉

지성에 있어서는 정신과 물질은 서로 대립한다. 이와 같이 대립하는 정신과 물질을 그 안에 포함할 수 있는 것이 영성이다. 영성에 있어서는 정신과 물질은 '둘이 아니라 하나이며, 또 하나이면서 그대로 둘'인 것이다. 이와 같은 논리를 다이세쓰는 '즉비卽非의 논리'라고 부른다.

즉비即非의 논리

다이세쓰에 의하면 '즉비의 논리'는 '존재의 근본의根本義'이다. 다이세쓰는 다음과 같이 말하고 있다.

> 『반야경』에서는 도처에서 'A는 A가 아니기에 A이다'라고 하는 논리를 설명하고 있다. '세계는 세계가 아니기에 세계이다'라든가, '일체법一切法은 일체법이 아니기에 일체법이다'라든가, '불토장엄佛土莊嚴은 장엄하지 아니하기에 장엄하다'라든가 하는 식의 형태로 곳곳에서 보게 됩니다. 이것을 보통 말로 하자면, 백白은 백이 아니며(흑黑이다), 고로 백이다, 또는 모란은 모란이 아니기 때문에 모란이다, 산은 산이면서 또 물이다, 물은 흐르지 않고 다리는 흐른다, 빈손으로 창을 쓴다, 안장 아래 말 없고 안장 위에 사람 없다—이와 같은 모순의 글로 바꾸어 넣을 수 있는 것입니다. 이를 즉비의 논리라고 해 두겠습니다만, 불자는 이를 존재의 근본의로 합니다.
>
> 〈「仏教の大意」鈴木大拙全集 第7卷 pp.39-40〉

불교에서의 존재의 논리는 영성의 논리이며, 그리고 그것은 다름 아닌 즉비의 논리라는 것이 불교에 대한 다이세쓰의 근본적인 입장이다.

2. 대지大智

화엄華嚴사상의 의의

다이세쓰는 '불교의 독자성은 즉비의 논리에서 화엄의 사사무애事事無礙로 나아가는 데 있다'(상게서 p.78)라고 화엄의 사상을 높이 평가하고 있다. 그리고 다음과 같이 말하고 있다.

『화엄경』에 담겨져 있는 사상은 실로 동양—인도·중국·일본에서 발전하고 온존된 것 중 최고봉입니다. 반야적 공空사상이 여기까지 발전했다고 하는 것은 실로 놀랄만한 역사적 사실입니다. 만약 일본에 무언가 세계종교사상 위에 공헌할만한 것을 가지고 있다고 한다면, 그것은 다름 아닌 바로 화엄의 교설教說인 것입니다. 〈상게서 p.45〉

화엄의 교설은 반야즉비般若卽非의 논리의 구체적 발전이라는 것이다.

사법계四法界

'법계法界'란 일반적으로는 존재하는 것을 의미한다. 화엄의 세계관에 의하면 4개의 법계가 있다. 즉 사법계事法界, 이법계理法界, 이사무애법계理事無礙法界 및 사사무애법계事事無礙法界이다. 다이세쓰는 '사事'와 '리理'를 다음과 같이 설명하고 있다.

사事는 '개個'·'특수'·'구체'·'원자原子(모나드)'등의 의미입니다. 리理는 이에 반대되는 것을 의미합니다. 즉 '전全'·'일반'·'추상'·'원리' 등의 의미입니다. 이제까지의 불교어로 말하면, 사事는 분별, 차별이라고 하는 것, 리理는 무분별, 평등 등입니다. 반야경전에서는 흔히 색色(루파)과 공空(슈니야타)이라고 합니다. 색色은 사事에, 리理는 공空에 상응합니다. 〈상게서 p.45〉

이사무애理事無礙

리理 또는 공空은 무無인데, 이 무는 유와 분별되고, 유와 상대하는 무, 즉 상대무相對無가 아니라 유무상대有無相對를 초월한 절대무絶對無이다. 『반야심경』의 '색즉시공色卽是空' 또는 '공즉시색空卽是色'은 '사즉시리事卽是理'또는 '이즉시사理卽是事'로 바꾸어 말할 수가 있을 것이다. 화엄에서는 이를 '이사무애理事無礙'라고 표현한다. 이사무애란 리理가 사事와 함께 사事 안에 있는 것이고, 아니 더 나아가 사事 그 자체임을 말하는 것이다. 그리고 다이세쓰는 말한다. '이즉사理卽事 또는 사즉리事卽理는 중심점을 사事 위에도 리理 위에도 두지 않고, 즉卽 위에 두는 것입니다. 이를 또 여如(또는 진여眞如)라고도 합니다. 여여如如라고 이어 말하기도 합니다.' 〈상게서 p.47〉

중점이 리理 위도 사事 위도 아니라, 즉即 위에 놓인다고 하는 것은 화엄철학이 실체론적 입장에 서는 것이 아님을 의미한다. 실체론은 구체적으로 일원론이나 다원론이 된다. 또 화엄철학은 관계론적 입장에 서는 것도 아니라고 말할 수 있을 것이다. 왜냐하면 분명 관계론에서는 관계가 실체에 우위 하지만, 여전히 관계해야 하는 다多가 전제되기 때문이다. '이즉사理即事·사즉리事即理'에서는 '이사일여理事一如, 사리일여事理一如'인 것이다. 따라서 우리는 이사무애理事無礙 사상의 근저에 있는 근본사상을 진여론眞如論 또는 영성론靈性論이라고도 칭할 수가 있을 것이다. 생명으로서의 영성의 진여眞如를 지성이 반성할 때 거기에 리理와 사事와의 분별이 생기는 것이다.

사사무애事事無礙

사사무애란 '하나'와 '일체一切'또는 '일체一切'와 '하나'의 관계에 있어서, '일즉일체一即一切·일체즉일一切即一' 임을 말한다. 다이세쓰는 다음과 같이 말하고 있다.

법계의 진상眞相은 사사무애를 만날 때에 비로소 인각認覺되는 것이다. 이사무애로서의 법계는 철학자에게도 신학자에게도 대략 통할 것이라 생각되지만, 사사무애의 법계는 그들이 아직 다다를 수 없는 곳이라 확신한다. 이 마지막 법계관法界觀은 범신론汎神論도 아니고, 범일신론汎一神論도 아니고, 또 신비론과 동일시될 만한 것도 아니다. 마음에 새

겨두어야 한다. <상게서 p.55>

분명히 철학에 있어서의 존재계기로서의 '질료質料, hylē'와 '형상形相, eidos'의 불가분성을, 또 기독교신학에 있어서의 '예수'와 '그리스도'의 일체성을 이사무애로 이해할 수는 있을 것이다. 그러나 철학자는 여러 가지 많은 개물個物을 무차별, 평등한 것으로 이해할 수는 없을 것이다. 또 기독교신학자는 예수는 붓다이며, 곧 무함마드이다, 바꾸어 말하면, 붓다도 무함마드도 예수도 모두 그리스도이다, 라고는 해석하지 않는다. 기독교신학자에게 있어서 예수는 그리스도이며, 그리스도는 예수인 것이다. 즉 예수만이 그리스도인 것이다. 다이세쓰는 말한다. 기독교에서는 '사사무애법계 같은 관점은 그 그림자조차도 인정할 수 없다'(상게서 p.67)라고. 맞는 말이라고 할 수밖에 없을 것 같다.

『반야경』에서의 즉비의 논리는 공空(화엄의 理)과 색色(화엄의 事) 사이에서의 논리였지만, 화엄에서는 사事와 사事 사이에도 타당한 논리가 되었다. 참으로 사사무애의 사상은 즉비의 논리에 철저한 것이라고 해야 할 것이다. 즉비의 논리는 전全 법계를 관철하는 논리가 된 것이다. 그리고 사사무애의 사상은 즉비의 논리로서의 대지大智의 궁극태라고 할 수 있을 것이다.

사사무애법계관은 유신론Theism도 아니며, 이신론理神論, Deism도 아니며, 범신론Pantheism도 아니며, 만유재신론萬有在神論, Panentheism도 아니며, 따라서 신비론Mysticism도 아니다. 무릇 어떠한 신론神論도 아니라고 해야 할 것이다. 따라서 무신론도 아니다. 그것은

유신·무신을 초월하는 것이다. 그러나 그것을 적극적으로 규정하기
는 곤란하다.

3. 대비大悲

반야, 즉 대지大智의 논리인 즉비의 논리의 궁극태究極態로서 사사
무애의 논리는 대비大悲와 어떻게 관련되는 것일까?

아미타의 서원誓願과 중생의 구도求道

다이세쓰는 다음과 같이 말하고 있다.

> 아미타 측에서는 사십팔원48願[2])(또는 무량겁無量劫에 걸치는 무량수無
> 量數의 서원), 중생 측에서는 끊임없는 염불(기도)과 참회—종교의 본질은
> 이것에 귀착되는 것입니다. 모두 화엄의 법계를 성립시키고 있는 대비
> 심大悲心의 발로에 지나지 않습니다.　　　　　　　　　　　〈상게서 p.67〉

아미타의 서원도 중생의 구도도 모두 아미타 자신의 대비大悲의 발

---

2) 역주_아미타불이 법장보살 시절에 중생을 구제하기 위하여 세웠던 48가지의 서원(誓願).

로라고 한다. 아미타불에 48가지 서원이 있다. 그 중에서 '모든 중생이 정각正覺을 이루기까지는 자신은 정각을 얻지 않는다'라고 하는 서원은 참으로 그 대비의 발로임이 분명하다. 아미타의 대비는 그 서원으로서 나타날 뿐만 아니라, 중생의 구도도 촉구하는 것이다. 중생이 구도에 힘쓰는 것은, 중생이 이미 아미타의 대비와 그 발로로서의 서원에 의해 뒷받침되고 있기 때문인 것이다. 중생의 정각은 단지 아미타의 서원만으로는 발생하지 않는다. 또 단지 중생의 구도만으로도 발생하지 않는다. 양자가 하나가 됨으로써 성취되는 것이다. 양자는 진정으로 불일불이인 것이다. 그리고 이와 같이 불일불이가 되는 아미타의 서원과 중생의 구도는 모두 아미타의 대비의 발로인 것이다.

사사무애事事無礙와 대비大悲

'화엄의 법계를 성립시키고 있는 대비심'이라는 말이 있다. 화엄의 사법계, 곧 제4법계로서의 사사무애의 법계도 대비에 의해 성립되고 있는 것이다. 그러나 여기서 중요한 것은 대비와 사사무애법계와는 별개의 것이 아니라는 것이다. 후자는 전자의 발로인 것이다. 대비는 사사무애법계로서 현성現成하는 것이다. 이렇게 해서 사사무애법계도, 그것에 있어서의 아미타의 서원도, 중생의 구도도, 모든 것은 대비의 발로인 것이다. 아미타의 서원이 일부 중생의 제도濟度에만 관계되는 것이 아니라, '일체의 중생'의 제도에 관계되는 것은 그것이 사사무애법계에서의 일事이기 때문이다. 대비와 그 현성現成

으로서의 사사무애법계에 있어서 일체중생은 무차별·평등인 것이다.

선禪과 정토계淨土系

다이세쓰는 이렇게 말하고 있다.

> 일본의 불교에서는 선禪은 대지大智의 면, 정토계淨土系는 대비大悲의 면을 대표한다고 해도 좋을 것이라고 생각합니다. 선은 자칫하면 나한羅漢의 독선성·도피성으로 기울려고 하지만, 정토계는 보살과 함께 오탁五濁의 기로에서 방황하기를 마다하지 않는 것입니다.
>
> 〈상게서 p.72〉

중국에서 선문禪門과 정토문淨土門은 병립해 있었다. 후자는 일본에서 정토진종淨土眞宗으로까지 심화·발전되었다. 대지大智와 대비大悲의 관계의 문제는 구체적으로는 선종과 정토진종의 관계의 문제가 될 것이다. 일반적으로 선禪·정淨은 이승二乘인가 일승一乘인가, 하고 묻는다. '지즉비智即悲, 비즉지悲即智'의 입장에 서는 다이세쓰는 말할 필요도 없이 일승一乘의 입장에 선다. 그러나 어떻게 해서 선정일승禪淨一乘이다, 라고 말할 수 있는 것일까? 다이세쓰는 「불교의 핵심-진종眞宗과 선종禪宗-」이라는 논문 속에서 다음과 같이 말하고 있다.

신란親鸞은 '좋은 이의 가르침을 받아 믿을 뿐이다'라고 말한다. '염불은 극락에 가는 행위인지 지옥에 떨어지는 행위인지 대체로 알지 못한다'라고 말한다. 단지 명命대로 이에 따르고 있다. 이 쥔 것, 쥐어진 것이 없는 세계, 여기에 진종이 선종에 다가오는 부분이 있다. 이 직접 쥐려고 하는 경지는 하나하나 종縱으로 계단을 올라가는 세계가 아니라, 횡橫으로 뛰는 횡초橫超의 세계이다, 선종적인 체험의 세계이다, 비약이다. 이 종교적인 비약을 파악한 횡초의 직도直道를 터득한 신란 성인에게는 선종적 체험이 있었던 것으로 생각된다. 이 횡초의 신심信心에는 선禪의 소위 일초직입여래지一超直入如來地의 경지를 체험하게 하는 것이 있다고 생각한다.

〈「仏教の核心─真宗と禅宗─」鈴木大拙全集 22卷 p.376〉

또 이렇게도 말하고 있다.

횡초의 체험이라든가, 여래의 본원을 일심으로 염원한다고 하는 사고방식 및 자연법이自然法爾3)의 사고방식 등은 진종과 선종의 일치점이라고 보아도 좋다. 신란 성인이 자연법이의 염불이라고 하신 것은 개어도 좋고 흐려도 좋다고 하는 선가禪家의 오도悟道와 완전히 일치하는 것이다. 양극단이라고 하는 자력문自力門과 타력문他力門의 선과 진종이

---

3) 사물(事物(法))이 인간의 작위를 넘어서 자연히 존재하는 것을 말한다. '호넨(法然)'의 이름은 '법이자연(法爾自然)'에서 취한 것이다. 자연법이는 중세의 공통이념으로, 이를 염불신앙에 적용시킨 것은 신란이다. 신란은 이렇게 말하고 있다. "자연이라고 함은, 자(自)는 저절로라 하여 행자의 조처가 아니며, 연(然)이라 함은 그렇게 만든다고 하는 말이다. 그렇게 만든다고 함은 행자의 조처가 아니라, 여래의 서원인 까닭에 법이(法爾)라 한다."

궁극에 있어서 서로 일치하는 점이 있다. 〈상게서 p.381〉

극단의 자력自力과 극단의 타력他力은 '궁극에 있어서 서로 일치한다'고 한다. 왜일까? 그것은 극단의 자력과 극단의 타력에 있어서 종교적 비약이 일어나기 때문이다. 극단의 자력에서의 비약은 결코 타력으로의 비약이 아니라, 자력과 타력의 구별을 넘은 절대경지로의 비약이다. 또 극단의 타력의 비약도 결코 자력으로의 비약이 아니라, 마찬가지로 타력과 자력의 구별을 뛰어넘은 절대경지로의 비약인 것이다. 이 경지는 '쥔 것, 쥐어진 것이 없는 세계'이다. 이 절대경지를 어떻게 부르든, 즉 공空이라고 부르든, 정토淨土라고 부르든, 사사무애의 법계라고 부르든, 거기에서는 일체의 이원적인 것이 지양되는 것이다. 대지大智와 대비大悲의 구별도, 부처 또는 보살과 중생의 구별도 없는 것이다. 거기서는 또 번뇌즉보리煩惱卽菩提이며, 도를 깨닫지 못함과 깨달음은 융합상즉融合相卽하고 있다고 생각된다.

불교의 근본의根本義

신란은 '단지 이 목숨命 그대로 이[부처]에 따르고 있다'로 말한다. 이 경우 염불의 양상은 자연법이自然法爾라고 생각된다. 즉 염불은 염불자의 작위爵位를 뛰어넘어 자연스럽게 행해진다고 하는 것이다. 그러나 목숨命의 존재방식은 자연에 의하는 것이 아니라 연기緣起에 의한다고도 해석할 수가 있다. 연기란 다름 아닌 인연을 말하는 것이다. 연기 또는 인연이란, 사물은 여러 가지 인因(원인)과 연緣(조건)에 의해 생겨난다는 것이다. 이 연기설緣起說은 불교의 중심적 사상이다. 자연법이自然法爾사상은 연기사상과 근본적으로 대립하는 것이 아닐까? 전자는 일본에서 신란에 의해 철저해졌지만, 불교의 역사에서는 원시불교 이래 '자연외도自然外道'4)로서 비난받아 온 것이다. 그러나 종교적 현실은 자연법이이고, 연기설은 이 현실을 설명하려고 하는 형이상학적 사변이라고 해야 하지 않을까? 자연법이설에 머무르든, 그것을 뛰어넘어서 연기설로 달리든, 양자의 근저에 있는 것은 '목숨命'이다. 목숨命이야말로 불교의 원점이라고 해야 하지 않을까?

---

4) '자연'이라는 사고방식은 '외도(外道)'라는 것이다. 자연이란 모든 존재(일체법)는 인연에 의하지 않고 자연에 있다고 하는 것이다. 외도는 '내도(內道)'에 대응하는 말로, 첫째로 불교 이외의 철학·종교를, 둘째로 불교 내부의 이단사설(異端邪說)을 가리킨다. 자연법이를 자연외도라고 간주하는 것은 두 번째 의미에서이다.

제6장

특수적 종교철학 Ⅱ :
기독교적 종교철학

앞장에서는 스즈키 다이세쓰에 의거하여 불교적 종교철학을 다루었는데, 본 장에서는 하타노 세이치波多野精一1)에 의거하여 기독교적 종교철학을 다루겠다. 하타노의 경우는 어디까지나 종교철학이며, 특수 기독교적 종교철학이 아니라고 말할 수 있을지도 모른다. 확실히 하타노는 기독교에 대한 직접적 언급은 가능한 한 피하고 있지만, 전제하고 있는 종교적 체험이 기독교임은 너무나도 분명하다. 하타노는 '종교적 철학은 어디까지나 종교적 체험의 이론적 회고, 그것의 반성적 자기이해이지 않으면 안 된다'(『宗教哲学』波多野精一全集 第4卷「序」, 岩波書店, p.4)고 말하고 있는데, 여기서 하타노가 전제하고 있는 '종교적 체험'은 기독교적 체험인 것이다.

1. 초월적· 실재적 절대타자 또는 신

종교란 무엇인가?

하타노는 종교를 정의하여 다음과 같이 말하고 있다.

타자에 있어서, 타자로부터 타자의 힘에 의해 산다. —이것이 종교이

---

1) 하타노 세이치(波多野精一, 1877~1950)는 종교철학자. 『기독교의 기원(基督教の起源)』(1908)은 일본에 있어서 최초로 본격적인 기독교의 학문적 저작이다. 『波多野精一全集』 전 6권(岩波書店)이 있다.

며, 이것이 또 생의 참眞 모습相이다.   〈상게서 p.216〉

종교는 자아에 있어서, 자아로부터, 자아의 힘에 의해 사는 것이
아니다. 그렇지 않고, '타자에 있어서, 타자로부터, 타자의 힘에 의해
사는' 것이라고 한다. 이 타자는 관념적이 아니라 실재적이며, 상대
적이 아니라 절대적이다. 종교에 있어서 자아가 관계되는 타자는 절
대적 실재로서의 절대적 타자인 것이다. 이와 같은 타자는 보통 신이
라고 불린다. 종교란, 자아로서의 인간과 절대적 실재로서의 절대적
타자, 즉 신의 관계이다.

신성성神聖性

신은 관념이 아니라 실재이다. 더구나 절대적 실재이다. 즉 신은
인간의 밖에 존재하는 절대적 실재인 것이다. 더구나 자아로서의 인
간에 대립하는 절대적 타자이다. 바꾸어 말하면, 자아를 초월하는 것
으로서, 결코 자아 안에 흡수되어 해소될 수가 없는 것이다. 자아는
이러한 실재적·절대적 타자와 인격적으로 관련되는 것이다. 종교는
자아로서의 인간과 실재적·절대적 타자로서의 신과의 인격적 관계
이다.

그러면 이러한 실재적·절대적 타자인 것의 특질은 어떠한 것일까?
하타노는 말한다. 그것은 신성성神聖性이라고. 그러면 또 신성성이란
어떠한 것일까? 이에 대해서 하타노는 다음과 같이 말하고 있다.

실재성實在性, 내지는 실재성으로서의 타자성·초월성은 무엇보다도
우선 자아가, 주체가, 그것을 자기로서 처리, 내지는 자기 안에 들여오
기를 허락하지 않는다고 하는 특징을 가진다. 실재하는 것은, 침범하지
말고 가까이 하지 말아야 할 것, 그 위력으로 자아의 모든 작용, 자기실
현의 작용에 대해 굴복병식屈伏屛息을 강요하는 것이다. 감정에 있어서
의 반향, 반응을 안중에 두면, 그것은 외포畏怖·복종 등으로 체험되어
지는 것이다.　　　　　　　　　　　　　　　　　　　　〈상게서 p.223〉

　　신의 본질인 신성성의 특질은 실재성, 타자성, 초월성이다. 이와
같은 신의 신성성은 루돌프 오트의 말을 빌리면, 그 자의 앞에 서는
자를 압도하는 '두려워해야 할 존엄tremenda majestas'이다. 구약성
서에는 '신을 보는 자는 죽는다'라는 사상이 있다. 신은 한없이 성스
럽기 때문이다. 기원전 8세기의 예언자 이사야는 소명 때에 성스러
운 신을 보고—정확하게는 신 그 자체가 아니라, 높은 보좌에 앉으신
신의 옷자락을 보고—절망하며 부르짖었다.

　　화로다 나여 망하게 되었도다 나는 입술이 부정한 사람이요 나는 입술
이 부정한 백성 중에 거주하면서 만군의 여호와이신 왕을 뵈었음이로다
　　　　　　　　　　　　　　　　　　　　　　　　　〈『이사야』 6장 5절〉

2. 신의 사랑 또는 아가페

신성성의 계기로서의 의義와 사랑愛

신의 신성성이 단순히 '두려워해야 할 존엄'이라고 한다면, 그 앞에 서는 인간적 주체는 단지 죽어버려 무無로 돌아갈 수밖에는 없을 것이다. 그리고 그러하다면 인간과 신과의 인격적 관계로서의 종교는 성립할 수 없을 것이다. 도대체 어떻게 해서 종교는 가능하게 될 수 있었던 것일까? 초월적·실재적·절대적 타자는 바로 초월적·실재적·절대적 타자가 되는 까닭에, 그에 상대하는 인간적 주체를 한번은 절대적으로 부정하지만, 따라서 인간적 주체는 그에 따라 무無로 돌아가게 되지만, 그것으로 끝나지는 않는 것이다. 동일한 초월적·실재적·절대적 타자가 일단은 무無로 돌아간 인간적 주체를 유有로서 절대적으로 긍정하는 것이다. 바꾸어 말하면, 성스런 신은 그 의義로써 인간을 심판하지만, 그 사랑에 의해 심판한 동일한 인간을 용서하는 것이다. 의義와 사랑愛, 또는 심판과 용서는 모두 성성聖性의 계기로서 불일불이한 것이다. 구약성서에서도 이사야에서의 신의 신성성에는, 선행하는 예언자 아모스에 보이는 신의 의義와 예언자 호세아에 보이는 신의 사랑愛이 확고하게 통일되어 있는 것이다.

창조로서의 신의 사랑

절대적으로 부정하고 무無로 돌아가게 한 것을, 절대적으로 긍정하고 유有로 불러내는 일은 다름 아닌 바로 창조이다. 왜냐하면 창조란 유의 '무로부터의 창조creatio ex nihilo'이기 때문이다. 성서의 신은 이러한 창조의 신이다. 바울은 아브라함에 대해서 이렇게 말하고 있다.

> 그가 믿은 바 하나님은 죽은 자를 살리시며 없는 것을 있는 것으로 부르시는 이시니라 (『로마서』 4장 16절)

신은 창조의 신이지만, 동시에 사랑의 신이다. 왜냐하면 심판하여 멸하신 것을 용서하고 다시 살리시는 것은 사랑이기 때문이다. 창조와 사랑은 상즉상입相卽相入하는 것이다. 즉 창조는 사랑이며, 사랑은 창조인 것이다. 하타노는 다음과 같이 말하고 있다.

> 신의 사랑은 이와 같은 창조, 무에서 유를 불러내는 일인 것이다. 역으로 말해서, 종교에 있어서 창조는 인간적 주체를 괴멸壞滅의 수렁에서 구해내는 신의 사랑으로서 특히 체험된다. 그 밖의 의의는 종교에 있어서는 이 기본적 체험에 의해 근거지어진 것 내지 그것에서 파생한 것으로서 비로소 고려할 만한 가치를 지닌다. 그렇다면 신의 사랑으로서의 창조는 어떠한 일인가? 그것은 타자를, 이 경우 인간적 주체를 무로 돌아가게 함과 동시에 유有로, 즉 실재하는 것 스스로의 생의 중심을 가지

는 것으로서, 따라서 실재적 타자로서 무에서 불러내어 만들어내는 일

이다.　　　　　　　　　〈『時と永遠』波多野精一全集 第4卷, p.43〉

아가페와 에로스

　창조로서의 신의 사랑은 '아가페agapē'라는 특별한 말로 표현된
다. 신약성서가 '사랑'을 말할 때, 그것은 언제나 아가페이다. 보통
그리스어에서는 '사랑'을 의미하는 말로서 '에로스erōs'가 사용된다
(이외에 '필리아philia'라는 말도 있지만). 일반적으로는 '사랑'이라는
뜻으로 사용되지 않았던 아가페라는 말을 신약성서가 사용했을 때,
깊이 의도하는 바가 있었던 것이다. 그러면 아가페란 어떠한 사랑일
까? 하타노는 우선 에로스에 대해 다음과 같이 말한다.

　　에로스는 높은 것, 귀한 것에 대한 동경과 향상의 노력으로 출발하여
　　진선미의 향락, 일자一者와의 합일로 목적지에 도착한다. 완전한 자기
　　실현―이것이야말로 에로스의 꾸밈없는 고백일 것이다.

　　　　　　　　　〈『宗教哲学』波多野精一全集 第4卷, p.189〉

　하타노는 '에로스는 이데아와의 합일을 목표로 하여 나아간다'고
도 말하고 있다(상게서 p.188). 그리스인에게 이데아는 실재이며, 가
치이다. 플라톤에게 최고의 이데아는 선善의 이데아이다. 플로티노
스2)에 있어서는 일자一者라고 불린다. 일자, 즉 신과의 합일, 에로스

가 궁극적으로 지향하는 것은 이것이다. 쉽게 말하면 에로스는 상승 지향, 완전지향이다. 그 궁극목표는 스스로가 신과 같이 되는 것이다. 이와 같은 실재지향 또는 가치지향으로서 에로스의 운동의 원리는 자기이다. 에로스는 자기충족, 자기실현을 위해서는 다른 일체를 이용하는 것이다. 아가페는 이러한 에로스와는 정반대의 것이다. 하타노는 아가페에 대해서 다음과 같이 말하고 있다.

> 에로스는 '자기규정', '자기실현'을 원리로 한 것인 데 반해, 아가페는 '타자규정', '타자실현'을 원리로 한다. 여기서는 삶 및 그 운동은 언제나 타자他者로부터 시작되고, 타자에 근거한다. 어떤 일에서도 타자가 우선권을 보유한다. 〈상게서 p.190〉

아가페의 두 특징 또는 타자他者 원리와 자기희생

에로스에서는 자기가 규정자, 타자는 피규정자, 또는 자기가 목적, 타자는 수단으로 간주된다. 단적으로 말하면 자기가 원리인 것이다. 이 자기원리는 자기긍정이며, 자기긍정은 한편으로 타자부정인 것이다. 이에 비해서 아가페에서는 반대로 규정자는 타자, 자기는 피규정자, 또는 타자가 목적, 자기는 수단으로 간주된다. 단적으로 말하면

---

2) 플로티노스(Plōtīnos, 204~269)는 新플라톤주의의 대표자. 실재인 '일자(一者)'(to hen)로부터의 만물의 '유출(emanatio)'을 역설했다. 전 6권 9장으로 이루어진 저작 『엔네아데스(Enneadēs)』가 있다.

타자가 원리인 것이다. 이 타자원리는 타자긍정이며, 타자긍정은 한편으로 자기부정이다. 이 타자긍정과 자기부정은 아가페의 두 가지 특징이며, 서로 융합되어 떨어질 수 없는 관계이다. 즉 전자는 후자를 동반하고, 후자는 전자를 지향하는 것이다. 신약성서의 『요한복음』에는 다음과 같은 말이 있다.

> 하나님이 세상을 이처럼 사랑하사 독생자를 주셨으니 이는 그를 믿는 자마다 멸망하지 않고 영생을 얻게 하려 하심이라
>
> 〈『요한복음』 3장 16절〉

여기서 '세상을 사랑하사'라고 하는 것과 '그 독생자를 주셨으니'라고 하는 것은 서로 불가분의 관계이다. 전자는 후자를 불가피하게 동반하고, 또 후자는 전자를 위한 것이다. 후반에 있는 '영원한 생명'의 문제는 나중에 언급하겠지만, 지극히 중요한 것임을 여기서 지적해 두겠다.

은혜로서의 사랑

사람이 신에게 사랑받는 것은 그 사람이 훌륭한 사람이거나 가치 있는 사람이기 때문이 아니다. 아가페로서의 신의 사랑은 무無와 다름없는 자, 일반적으로는 사랑받을 가치가 없다고 생각되는 자에 대해서야말로 향해지는 것이다. 이러한 사랑은 은혜이다. 하타노는 은

혜로서의 사랑에 대해 다음과 같이 말한다.

> 신의 사랑은 인간에 있어서와 마찬가지로 주어진 타자로부터 출발하는 것이 아니라 타자를 창설함으로써, 아니 타자를 이룸으로써만 성립한다. 신에 대해서 타자라고 하는 것과 멸망하지 않는 참 존재를 유지한다고 하는 것은 전적으로 같은 뜻이다. 이와 같은 창조로서의 사랑은 '은혜'라고 불린다. 은혜는 통상 받을 자격이 없는 자에게 주어지는 사랑이라고 해석할 수 있다. 무無와 다름없는 것, 무無 속으로 묻혀 사라질 것을 향하여, 무無를 바꾸어 유有로 만드는 사랑은 최대의 은혜, 가장 엄밀한 의미의 은혜라고 해야 할 것이다. 은혜는 또 언제나 일방적이다. 그 스스로는 사랑할 수 있는 자격이 없을 뿐 아니라, 사랑할 힘조차 전혀 없는 것에 향하는 사랑만큼 일방적인 것은 없을 것이다. 사랑의 공동共同은 이러한 은혜의 창조활동에 의해 또 그것에 있어서 성립하는 것이다.
>
> 〈『時と永遠』波多野精一全集 第4卷 pp.442-443〉

루터는 사람은 율법에 의해서가 아니라, '오로지 신앙에 의해sola fide' 의롭게 됨을 강조했다. 그러나 이 신앙도 인간 자력의 신앙이 아니라, 신으로부터 은혜로 받는 신앙이라고 한다면 '오로지 신앙에 의해'라는 것은, 보다 근원적으로는 아우구스티누스가 말하듯이, '오로지 은혜에 의해sola gratia'라고 해야 할 것이다. 바울도 다음과 같이 말하고 있다.

이제 내가 육체 가운데 사는 것은 나를 사랑하사 나를 위하여 자기 자신을 버리신 하나님의 아들을 믿는 믿음 안에서 사는 것이라 내가 하나님의 은혜를 폐하지 아니하노니 만일 의롭게 되는 것이 율법으로 말미암으면 그리스도께서 헛되이 죽으셨느니라

〈『갈라디아서』 2장 20절b-21절〉

3. 영원한 생명

죄 사함 또는 구원

죄란 자기를 주장하고, 신에 대해서 자기를 비우지 않는 것이다. 루터는 죄를 인간의 '자기추구Selbstsucht'라고 규정했다. 인간은 자기추구에 의해 자기를 획득하지 못하고, 오히려 자기를 상실하고, 멸망에 이르는 것이다. 이것이 죄라고 하는 것의 운명이다. 이와 같은 운명의 극복을 구원이라고 한다. 하타노는 구원에 대해 다음과 같이 말하고 있다.

죄의 극복은 종교적 용어에서는 '구원' 또는 '구제'라고 불린다. 그것은 진정한 유한성으로 주체 본연의 모습으로의 복귀로서, 신성자의 은혜에 의해서만 행해질 수 있다. 본연의 모습이란 주체가 스스로 고유의 힘으로 실현하는 존재의 방법을 말하는 것이 아니라, 자기가 완전히 무

無로 돌아가, 저편에서 주어지는 것에 의해 채워질 공허한 그릇이 되는 것을 말하는 것이다. 즉 구원은 창조로서만 행해진다. 피창조자로서의 본래의 면목을 스스로 포기하고, 마치 스스로 창조자인 듯, 오로지 자기의 주장에만 빠져서 그 때문에 오히려 파멸의 길을 걷기에 이른 주체를 철저하게 무無로 돌림으로써, 새로운 주체성·진정한 유한성을 부여하면서 사랑의 주체로서 창조한다―이것이 구원이다.

〈『時と永遠』波多野精一全集 第4卷, p.481〉

구원은 철두철미하게 신성자의 은혜에 의한 것이다. 자기가 자기의 힘으로 자기를 무화無化하여 '공허한 그릇'이 되는 경우는 없다. 자기란 어디까지나 자기를 주장하는 법이다. 자기는 원죄peccatum originale 안에 있는 것이다. 이러한 자기를 신성자가 '철저하게 무로 돌아가게' 하는 것이다. 그러나 그것은 단지 자기를 괴멸시키기 위해서가 아니라, 진정한 자기로 '창조'하기 위해서이다. '창조'할 뿐아니라 '무로 돌아가게' 하는 것도 신성자의 사랑의 행위이며, 은혜이다. '하나님은 사랑이시라'고 할 때(『요한1서』 4장 16절), 그 사랑 안에는 의義도 포함하고 있는 것이다. 신의 의義와 사랑愛은 불일불이不一不二인 것이다.

구원의 완성 또는 영원한 생명

죄 사함은 구원의 시작이지, 아직 구원의 완성은 아니다. 구원은

'영원永遠의 완전한 도래到來, 순수한 현현顯現'으로 완성되는 것이다 (상게서 p.488). 인간의 구원이란 신이 인간과 함께 있는 것이다(임마누엘Immanuel). 그리고 양자의 사이에 인격적 관계가 성립되어 있는 것이다. 그런데 완전한 인격적 관계란 신체적 관계를 포함한다. 인간이 썩지 않는 영체靈體를 부여받을 때, 비로소 하나님과의 완전한 인격적 관계가 성립하는 것이다. 인간은 죄 사함을 받아도, 여전히 시간성 안에 있으며 썩어야만 하는 육체에 묶여 있다면, 영원한 생명은 아직 주어져 있지 않은 것이다. 왜냐하면 영원한 생명은 바로 영원자와의 영원한 교제 속에 있기 때문이다. 그러한 교제는 세상의 마지막에 부활로 성취된다.

창조로서의 부활

하타노는 말한다. '와야 할 영원은 사후의 생을 의미한다'고(상게서 p.491). 그리고 그러한 사후의 생은 부활의 생이라고 말한다. 그런데 사후의 생에 대해서는 서로 대립되는 두 가지 사상이 있다. 하나는 영혼 불사성不死性의 사상이고, 다른 하나는 부활의 사상이다. 이 두 사상에 대해서 하타노는 다음과 같이 말하고 있다.

사후의 생에 관해 역사적으로 주어진 표상 중에서 부활이 가장 뛰어난 것임에 틀림없다. 그것은 일단 무로 돌아갔던 것이 무로부터 새로이 유로 되돌려진다고 하는 의미로 해석되어야 한다. 바꾸어 말하면, 사후의 생은 창조에 의해서만 가능하다. 그리하여 이는 새삼스럽게 말할 필요도 없이, 은혜의 선물임을 의미한다. 영혼불사성 내지 그와 동류인 사후의 생의 사상에 있어 근본적 오류라고 해야 할 것은, 인간적 주체가, 혹은 그 자신에 내재하는 본질의 단독의 힘에 의해, 혹은 객관적 세계 내지 그 배후에 서는 신의 총명 유력한 원조에 의해, 결국 자신의 힘으로 죽음을 이겨내며 존재를 계속한다고 하는 점에 있다. 〈상게서 p.494〉

부활은 신의 은혜에 의한 창조이다. 바꾸어 말하면, 그것은 절대타자에 근거한다. 이에 반해 영혼의 불사성은 인간주체의 자력에 근거한다. 부활의 사상은 죽음을 인간존재의 완전한 무화無化로 파악하고 있지만, 영혼불사성의 사상은 그렇게는 파악하지 않는다. 생과 사 사이에 단절을 보지 않는 것이다. 사후의 생은 생전의 생의 계속에 지나지 않는 것이다. 어느 쪽이 죽음의 진실을 응시하고 있다고 할 수 있을까?

4. 하타노 종교철학의 문제점

중보자론仲保者論의 결락

전체적으로 하타노 종교철학의 뚜렷한 특징은 중보자3)론, 기독교 신학적으로 말하면 그리스도론이 결락되어 있는 점이다. 하타노는 다음과 같이 말하고 있다.

> 만약 현실에 존재하는 제 종교 중에 절대적 타자와 인간적 주체 사이를 매개하는 제3자를 설명하는 것이 있다면, 그 경우 그 제3자는 실은 제3자가 아니라 신 그 자체이거나, 그렇지 않으면 신은 실은 신이 아니고, 바꾸어 말하면 신성성은 철저하지 않은 것으로 끝나든가, 임에 다름 아닐 것이다. 〈상게서 pp.433-434〉

하타노는 이 문장에 주를 붙이고, '그렇기 때문에, 예를 들면 기독교신학이 설명하는 그리스도의 신성神性은, 신의 신성성神聖性의 필연적 귀결이라고도 할 수 있을 것이다'라고 쓰고 있다(상게서 p.434). 그러나 기독교신학에서 그리스도는 단성론적單性論的으로가 아니라, 다시 말해 단순히 신이나, 단순히 사람이 아니라, 양성론적으로 곧 신성神性과 인성人性의 모순적 자기동일自己同一로 파악되고 있는 것

---

3) 역주_하나님과 인간 사이에 서서 그 관계를 성립시키고 화해를 가져오는 역할을 하는 사람. 신약성서에서는 예수를 일컫는다.

이다. 하타노에게는 그리스도론뿐 아니라, 성령론聖靈論도 결락되어 있다. 바꾸어 말하면, 하타노 종교철학은 삼위일체론三位一體論적으로가 아니라, 유니테리언4)적으로 논하고 있는 것이다. 이는 하타노 종교철학이 종교일반의 철학이라고 한다면 간과할 수 있지만, 기독교적 종교철학으로서는 역시 문제라고 말하지 않을 수 없을 것이다.

아가페는 인간의 사랑이기도 한 것인가?

아가페에 관해서 하타노는 다음과 같이 말하고 있는데, 이는 어떨까?

역사적으로는 기독교의 세계에서 특히 현저한 원리상 술어상의 실현을 이루었으나, 물론 어느 세계에서도 볼 수 있는 것, 일상의 생활에서도 편린을 접할 수 있는 것이다. 이 사랑의 기본적 특징은 실재하는 타자에 출발점, 기점을 가지고, 따라서 타자의 실재성을 기본적 전제로 함으로써 성립하는 생의 공동이라는 점에 있다.

〈『宗教哲学』波多野精一全集 第4卷, pp.189-190〉

---

4) 유니테리언주의는 삼위일체를 부정하고, 신의 단일성을 주장한다. 구체적으로는 그리스도가 신성과 인성의 통일이라고 하는 양성론을 인정하지 않는다.

하타노가 말하듯이 아가페는 '어느 세계에서도 볼 수 있는 것, 일상의 생활에서도 편린을 접할 수 있는 것'일까? 아가페는 본래 신의 사랑이며, 그것이 사람의 사랑이 될 수 있는 것은 사람이 신의 사랑에 한번 관통된 후에 은혜로서 신으로부터 부여받기 때문이지 않을까? 본디 사람에게는 아가페는 없는 것이 아닐까?

제7장

특수적 종교철학 Ⅲ :
이슬람적 종교철학

무함마드가 히라산에서 알라의 계시를 받았을 때, 그는 완전히 알라에게 사로잡히고 압도되어, 알라의 생생한 말씀을 그대로 전하는 도구가 되었다고 한다. 무함마드가 하는 말은 알라의 말씀이었다. 알라 자신이 무함마드를 통해서 이야기한 것이다. 거기서 무함마드의 경험적 자아는 완전히 소멸돼 있었다. 바꾸어 말하면, 무함마드의 소명체험은 신비주의적이었다. 이슬람에 극히 신비주의적 경향이 있는 것은 부정할 수 없다. 본 장에서는 이즈쓰 도시히코井筒俊彦1)를 통해서 이슬람 신비주의를 고찰하기로 하겠다.

1. 신비주의

종교는 신비주의이다

대체로 종교가 신비주의적인 것은 누구도 부정할 수 없는 바일 것이다. 불교, 특히 대승불교가 신비주의인 것은 말할 필요도 없다. 스즈키 다이세쓰鈴木大拙도 종교에서 무엇보다도 중요한 것은 영성靈性의 '초월'임을 강조하였다. 이는 기독교에서도 다르지 않다. '내가 그리스도와 함께 십자가에 못 박혔나니 그런즉 이제는 내가 사는 것이 아니요 오직 내 안에 그리스도께서 사시는 것이라' (『갈라디아서』2장

---

1) 이즈쓰 도시히코(井筒俊彦, 1914-93)는 세계적인 이슬람 학자. 특히 이슬람 신비주의(수피즘)의 연구로 저명하다. 『井筒俊彦著作集』전 11권·별권(中央公論社)이 있다.

20절)라는 바울의 고백도 신비주의적임은 부정할 수 없을 것이다.

신비주의의 세 가지 특징

이즈쓰는 신비주의의 특징으로 세 가지를 들고 있다. 첫째는, 리얼리티의 다층적 구조이다. 둘째는, 의식의 다층적 구조이다. 그리고 세 번째는, 방법적 조직적인 수행에 의해 의식의 존재방식을 바꾸는 것이다. 상술한 바울의 경우, 이 세 번째 특징은 타당하지 않다. 왜냐하면 바울이 그리스도와 일체화된 것은 성령의 역사에 의한 것이지, 바울 자신의 '방법적 조직적인 수행'에 의한 것이 아니기 때문이다. 이즈쓰는 첫 번째 특징에 대해서 다음과 같이 말하고 있다.

현실, 리얼리티, 즉 존재세계가 다층적 구조라고 하는 의미는 글자 그대로 그것이 한 겹이 아니라는 것입니다. 우리가 보통 현실이라고 부르고, 또 그렇게 생각하고 있는 경험적 세계는 실은 현실 혹은 존재의 바깥쪽, 겉쪽 혹은 표층에 불과한 것이며, 그 아래에 몇 겹이나 되는 층이 겹쳐지고 수직적 방향으로 퍼져나가서, 존재영역의 다층적 구조를 이루고 있다, 고 그렇게 생각합니다.

〈『イスラーム哲学の原像』井筒俊彦著作集 第5卷, 中央公論社, pp.362-363〉

그리고 이어서 이렇게 말하고 있다.

이것만으로는 아직 신비주의가 되지 않습니다. 신비주의로 하여금 진정으로 신비주의라는 이름에 걸맞게 하는 두 번째 특징이 있습니다. 그것은 현실이 우선 객관적으로 방금 말씀드린 것과 같은 다층적 구조를 갖는다는 것뿐 아니라, 그것을 보는 인간, 그것을 그것으로 인지하는 인간 측에도 주체적으로 의식이 비슷한 다층구조를 가지고 있다고 생각하는 데에 있습니다. 즉 의식 쪽에도 표층에서 최심층最深層에 이르는 수직으로 겹친 영역의 확대가 있습니다. 더구나, 객관적 현실의 다층과 주관적 의식의 다층 사이에 일대일의 대응관계가 성립한다고 생각합니다. 즉 간단히 말하면, 얕은 표면적 의식에서는 현실의 얕은 표면만이 보이고, 의식의 심층에는 현실의 심층이 보인다는 것입니다.

〈상게서 p.363〉

신비주의에서는 궁극적으로 주관과 객관이라는 구별은 없어지지만, 여기서 편의적으로 이 단어들을 사용한다면, 신비주의에서 중요한 것은 주관의 의식의 영역과 객관의 존재의 영역이 각각 일층적이 아니라, 다층적이라고 하는 것이다. 바꾸어 말하면, 의식영역도 존재영역도 각각 표층영역과 심층영역으로 되어있다는 것이다. 의식 및 존재가 이러한 표층·심층의 구조를 이루고 있다고 하는 것이 신비주의의 가장 중요한 특징인 것이다.

그리고 의식구조와 존재구조는 대응을 이루고 있다. 즉 표층의식은 표층존재에 대응하고, 심층의식은 심층존재에 대응한다. 의식이 표층에 머무르고 있는 한 존재심층은 개시開示되지 않는다. 의식이 표층에서 심층으로 심화되어 갈 때, 그에 응해서 존재의 심층이 개시되게 된다. 경험적 의식과 그 대상은 각각 표층의식 및 표층존재이다. 종교적 의식은 심층의식이며, 거기서 심층존재로서의 종교적 존재가 개시된다. 따라서 종교가 가능해지기 위해서는 의식의 심층이 열릴 필요가 있다. 이를 위해 행해지는 것이 수행이다. 이 수행에 대해 이즈쓰는 다음과 같이 말하고 있다.

'방법적, 조직적인 수행에 의해 의식의 존재방식을 바꾼다.' 이것이 신비주의의 세 번째 큰 특징입니다. 선종의 좌선이라든가, 힌두교의 요가라든가, 송대宋代 유자儒者의 정좌靜坐, 『장자莊子』에 보이는 좌망坐忘이라든가, 그 밖에 여러 가지 전통적인 형식이 있습니다만, 세부적인 점에 있어 다를 뿐, 모두가 근본적으로는 앞에 기술한 의식의 심층을 열기 위한 수행의 방법이라고 생각해도 좋을 것입니다. '사방팔방으로 흩어지려는 마음의 움직임을 억누르고, 노자老子가 말하듯이 육체의 창이나 문을 전부 닫고, 즉 밖을 향하고 외계의 대상을 좇는 마음의 움직임을 억누르고 의식의 전 에너지를 한 곳으로 집약하여, 경험적 차원에서 작용하는 의식기능, 즉 감각·지각·이성 등과는 전혀 이질의 인식기능의 발동을 촉구하고자 한다.' 이렇게 해서 열린 의식의 심층 의식적 인식기능이 활발하게 작용하기 시작한 마음의 존재방식을 전통적으로 보통 관상觀想이나 명상瞑想이라고 부릅니다. 서양에서 말하는 콘템플라티오contemplatio(라틴어로 사색), 불교에서 말하는 삼매三昧, samādhi의 경지입니다. 수피즘에도 의식을 일상적 상태로부터 서서히 콘템플라티오의 상태로 이끌어가기 위한 특수한 수행방법이 있습니다. 매우 특수한 것입니다. 〈상게서 p.365〉

여기서 말하는 수피즘Sufism이라는 것이 이슬람 신비주의이다. 그 신비주의자를 수피Sufi라고 부른다.

2. 수피적 의식 · 존재 · 구조

이븐 아라비 Ibn-'Arabī

13세기에 활약한 이븐 아라비는 수피즘의 대표적인 철학자이다. 그의 철학적 입장은 '존재일성론存在一性論'이라 불린다. 이 존재일성론에 대해서 이즈쓰는 다음과 같이 설명하고 있다.

> …… 다多의 세계로 보이는 것은 실은 일一의 시현示顯에 다름 아니며, 다多는 즉 일一, 일一은 즉 多인 것이다. 이와 같이 일과 다를 모순의 일치로 포함하는 '일자一者'는 이븐 아라비 전全 철학사유의 출발점이고, 또 그 기저이기도 하다. 이러한 점에서 이슬람사상사에서는 그의 입장을 '존재의 독일성獨一性, waḥdatal-wujūd'설說이라고 한다.
>
> 〈『イスラーム思想史−神学・神秘主義・哲学』井筒俊彦著作集 第5卷, p.306-307〉

여기서 말하는 '존재의 독일성'설이란 존재일성론을 말한다. 위의 기술에서 짐작할 수 있듯이, 존재일성론은 플로티노스 및 스피노자의 형이상학과 유연성類緣性을 갖는다.

의식의 5층구조

수피적 의식은 다음 그림과 같이 5층으로 되어 있다. 제1층은 나프스 암마라이다. 아라비아어의 나프스는 히브리어의 네페시nepeš에 해당하는 말로 '영혼'을 뜻한다. 암마라는 '강제적인 명령을 함부로 내린다'는 뜻의 형용사이다. 나프스 암마라는 의식의 표층으로, 의식의 감각적·지각적 영역이다. 수피즘에서는 무엇보다도 '욕망과 욕정의 장場'으로 간주된다.

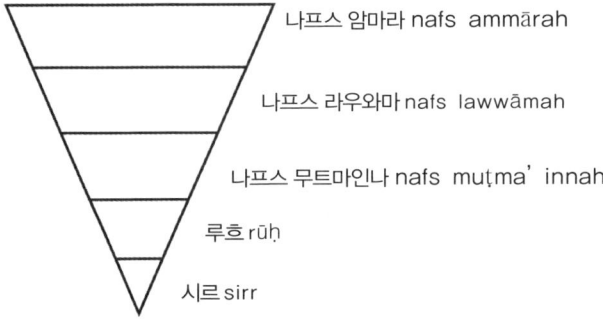

나프스 암마라 nafs ammārah

나프스 라우와마 nafs lawwāmah

나프스 무트마인나 nafs muṭma'innah

루흐 rūḥ

시르 sirr

제2층은 나프스 라우와마이다. 라우와마란 '함부로 비난하고 싶어한다'라는 정도의 의미이다. 나프스 라우와마는 의식의 이성적 영역이다. 이 영역은 이론적으로는 '이성적·합리적 자아가 성립하는 장소'이며, 실천적으로는 '논리적·도덕적 의식의 장'이다.

제3층은 나프스 무트마인나이다. 무트마인나란 '안정되었다'라는

의미이다. 따라서 나프스 무트마인나란 '안정된 편안한 영혼'이라는 말이다. 여기는 '제1층의 감각과 욕망과 정념의 웅성거림'도, '제2층의 이성과 사유의 굽이침'도 없는 '고요한 침묵과 평온함의 세계'이다(『イスラーム哲学の原像』p.385). 이 세계는 의식 및 존재가 표층에서 심층으로 전환되는 장소이며, '신적神的 차원의 문턱'에 해당한다.

제4층은 루흐이다. 히브리어로는 루아하rûah라고 한다. 루흐란 '영靈'이다. 여기부터 의식의 심층이 시작된다. 이 세계는 경험적 의식으로 하면 '유현幽玄한 영역'이지만, 수피의 체험에 의하면 '우주적인 빛의 세계'이며, 일체의 것을 찬란한 빛으로 비춰내는 '우주적 한낮의 태양'으로 형상화된다.

제5층은 시르라고 불린다. 시르란 '비밀secret'이라는 말이다. 이 층에 대해서 이즈쓰는 다음과 같이 말하고 있다.

　　…… 보통의 상태에서는 절대로 밖으로 나타나지 않는 영혼의 은밀한 성소聖所입니다. 의식의 구조라는 견지에서 보면 의식의 최심층이며, 일반적인 의미로의 의식을 완전히 뛰어넘은 무의식의 깊어짐입니다. 수피즘적 형상표현에서는 이 성스러운 장소에서 영혼은 마치 한 방울의 물처럼 절대적인 실재實在의 대해大海 속에 섞여 소융消融되어 버린다고 합니다. 　　　　　　　　　　　　　　　　　〈상게서 p.387〉

시르에서의 나我의 소융消融 내지 소멸은 자신 일반의 소융 내지는 소멸이 아니다. 소융 내지는 소멸하는 '나'는 일상적인 '나'이며, 이와 함께 홀연히 진정한 '나', 즉 거기에서 '신적神的 나'가 현현顯現하는 '신현적神顯的 나'가 개시開示되는 것이다. 그리고 '신적 나'와 '신현적 나'와의 사이에 인격적인, 즉 언어적인 커뮤니케이션으로서의 나—너의 관계가 성립하는 것이다.

존재의 3층구조

우리는 의식구조 모델을 거꾸로 선 삼각형으로 표시했는데, 거기서는 위에서 아래로의 방향은 의식의 표층에서 심층으로의 방향이었다. 그러나 여기서 존재구조 모델을 똑바로 선 삼각형으로 표시하면 다음 그림과 같이 된다.

'아하드'는 이븐 아라비에게는 술어적術語的 표현으로서 '절대적 일자—者'를 의미한다. 아하드는 아라비아어로 '일—'을 뜻하지만, 그

것은 수적인 일—이 아니라 오히려 영靈이라고 해야 한다. 이즈쓰는 롤랑 바르트Roland Barthes의 용어를 차용해서 절대적 일자로서의 아하드를 '존재의 영도零度, le degré zéro de l'existence'라고 부른 다. 그리고 이에 대해 다음과 같이 말하고 있다.

여기서 말하는 존재의 영도, 존재의 제로, 영도의 존재성이란 형이상 학적인 의미에서의 절대적 무無입니다. 그러나 절대의 무無이긴 하지 만, 거기에서 일체의 존재자가 나오는 궁극의 근원源으로서는 절대의 유有입니다. 〈상게서 p.431〉

아하디야는 이러한 아하드의 영역이다. 아하드는 그 자신 속에 머 무르는 것이 아니라, 자신 속에 스스로를 현상적 존재의 차원에서 나 타내려고 하는 강력한 근원적 경향, 즉 '본원적인 존재적 충동'을 가 지고 있다. 무함마드의 언행을 단편적으로 기록한 「하디스」중에 다 음과 같은 신의 말씀이 있다.

'나는 숨은 보물이었다. 갑자기 내 속에 그러한 자신을 알리고 싶다 는 욕구가 일어났다. 알려지기 위해서 나는 세계를 창조했다.'

〈상게서 pp.432-433〉

이븐 아라비는 이와 같은 일자—者 그 자체에 내재하는 본원적 충 동을 '자애의 분출(나파스 라흐마니nafas Raḥmānī)'이라고 칭했다. 자 애의 분출이 발현하는 영역은 와히디야라고 불린다. 와히디야란 와히드의 영역이라는 의미이다. '와히드'라는 것은 '아하드'와 마찬가지로 '일一'을 의미하지만, 양자는 신비철학에서 구별된다. 아하드가 '일체의 수의 계열을 초월한 일一, 즉 제로'인 데 반해서 와히드는 '순수한 수로서의 일一'이다. 이즈쓰는 전자를 '절대 일자一者', 후자를 '통합적 일자'라고 번역하고 있다. 그리고 다음과 같이 쓰고 있다.

> 이븐 아라비가 이해하는 형태에 있어서는 와히드는 여전히 일자一者입니다만, 그것은 아하드와 같은 절대 초월적 일자가 아니라, 즉 완전한 백지가 아니라, 외적으로는 아직 여전히 백지이지만 내적으로는 이미 백지가 아닌 일자, 바꾸어 말하면 내부구조로서 모든 수를 가능하게 포함한 일一입니다. 즉 다자多者를 통일하는 종합적인 일자입니다. 그리고 이븐 아라비의 철학체험에 있어서는 이 통합적 일자=와히드가, 그야말로 전통적, 종교적 언어로 말씀드리면 '알라'에 해당하는 것입니다.
>
> 〈상게서 p.434〉

이븐 아라비에 의하면 알라는 절대무한정, 무분절無分節의 아하드가 자기한정, 자기분절한 것이다. 바꾸어 말하면, 알라는 절대자의 궁극적인 경지가 아니라 그 위라고 할까, 그 안쪽이라고 할까, 무명無名의 절대적 일자가 존재하는 것이다. 아하드라 불리는 이 무명의 절대적 일자가 자기한정, 자기분절화함으로써 와히디야가 현출한다. 그리고 또 다시 이 와히디야로부터 현실적인 다多가 현출한다. 이즈쓰는 이 사이의 사정을 다음과 같이 말하고 있다.

신학적, 종교적으로 말씀드리면 이 와히디야는 신의 자의식의 세계라는 것이 됩니다. 신의 자의식은 외면적으로는 아무런 구별도 없지만, 내면적으로는 이미 여러 가지로 나뉘어져 있습니다. 다르게 말하면, 존재는 이 단계에서 잠재적으로 분절되어 있습니다. 이 잠재적인 분절이 한 계단 더 아래의 존재영역, 즉 카스라kathrah—카스라란 '다수多數'라는 말입니다만—다자의 세계, 다자의 차원에서 현실적으로 나타나는데, 그것이 소위 종교에서 말하는 신의 세계창조라는 것입니다.

〈상게서 p.435〉

아하디야, 와히디야, 카스라라는 존재의 3층구조를 관철하는 논리는 '일체가 존재영도存在零度에서 시작해서 점차로 자기한정, 자기분절을 거듭하면서 현상적 다자의 성립에 이른다'고 하는 것이다(상게서 p. 436). 다시 말하면, 존재의 무에서 유로의 자기전개의 논리이다. 이 논리는 바로 다름 아닌 '존재일성론存在一性論'이다.

3. 존재일성론存在一性論

존재개념과 존재 리얼리티

마르틴 하이데거의 존재론에서, 존재자Seiendes와 존재자로 하여금 존재자이게 하는 존재Sein는 엄격하게 구별된다. 이는 존재일성론에서도 마찬가지이다. 이즈쓰는 이를 다음과 같이 쓰고 있다.

존재일성론이 문제로 하는 존재란, 우리 자신이라든가, 우리가 자신의 주변에 감각적으로 발견하는 개개의 사물, 즉 구체적인 존재자가 아니라, 그 모든 존재자를 존재자이게 하고 있는 존재 그 자체라는 것입니다.
〈상게서 p.444〉

이 '존재 그 자체'는 존재의 리얼리티이며 존재의 개념이 아니다. 존재 리얼리티와 존재개념의 준별峻別은, 존재 그 자체와 존재자와의 준별에 대응한다. 이즈쓰는 다음과 같이 말하고 있다.

이슬람의 존재일성론 학파가 제일의적第一義的으로 관심을 기울인 것은 개념이 아니라 리얼리티로서의 존재입니다. 이 리얼리티로서의 존재를 일체의 개념적·이성적 파악을 준거峻拒하는 일종의 초월적 실재성, 이것은 우주에 편재해서 온갖 것을 존재자이게 하는 영원부단永遠不斷의 창조적 에너지로서 조정措定합니다. 그리고 이것은 이성적 사유의 파악을 본래적으로 초월하는 것이며, 오로지 여러 해에 걸친 수행의 결과, 실존의 심연 속에서 열려지는 의식의 심층부의 인식능력에 의해서만 파악되는 것이라고 생각하는 것입니다.
〈상게서 pp.445-446〉

존재우유설存在偶有說 또는 'X가 존재한다'

이븐 아라비보다 약 한 세기 정도 앞선 아비센나는 존재라는 것은 본질이 우유偶有하는(우연히 가지고 있는) 것이라고 설명했다. 이와 같은 존재우유설에서 존재는 존재 리얼리티가 아니라 존재개념이다. 이즈쓰는 다음과 같이 말하고 있다.

우리는 보통, 일상의 회화에서도 'X가 있다'라든가 'X가 존재한다'고 자주 말합니다. 그것이 …… 존재명제의 형型입니다만, 보시는 바와 같이 여기서는 존재가 명제의 술어의 위치에 있습니다. 그런데 존재가 이렇게 주어의 위치가 아니라 술어의 위치에 있다고 하는 것은 고래古來의 형식논리학의 명제구조에 대한 이해의 방식으로 보면, 주어 X에 의해 지시되어 있는 것(술어적術語的으로 '본질'이라고 불리는 것이 구현된 모양으로서의 '실체')에 대해서 존재가 우유적 성질, 즉 속성으로서 내속內屬하고 있다는 것을 의미합니다. 이것이 실체-속성관계의 일반적인 이해방식이며, 명제의 주어-술어관계는 그것의 논리적 내지 언어적 반영이라고 생각되는 것입니다. 따라서 이 사고 방식으로 가면, 예를 들면 '꽃이 있다(존재한다)'라고 하는 경우의 '존재'는 마치 '꽃은 하얗다' 같은 경우의 '하양'과 완전히 동렬에 서는 꽃의 속성이 된다는 것이다. 꽃은 본성상 하얗게 있을 필연성은 전혀 없지만, 지금 여기서는 우연히 하얗게 있다. 그것과 마찬가지로 꽃은 본성상 존재한다고는 한정할 수 없지만, 지금 여기서는 우연히 존재하고 있다. 즉 존재는 하양과 마찬가지로 꽃(실체)에 깃든 속성이라는 것입니다. 〈상게서 pp.447-448〉

존재일성론 또는 '존재가 X이다'

이러한 아비센나의 존재우유설에 대해서, 이븐 아라비의 존재일성론은 존재 리얼리티를 문제로 한다. 이즈쓰는 다음과 같이 말하고 있다.

> 그들 (존재일성론자들)에 의하면 개념으로서의 존재는 존재 리얼리티의 흐릿하게 바랜 그림자와 같은 영상이며, 존재 리얼리티야말로 참실재라고 말합니다. 그러므로 'X가 존재한다'고 하는 형에서의 존재는 진정한 의미에서의 존재가 아닙니다. 그렇지 않고 오히려 명제적 형태로서 '존재가 X이다' 혹은 '존재가 X한다'고 하는 것이 문제의 진상眞相에 가까운 표현입니다. 즉 이 현실 세계의 어떤 곳에서, 어떠한 일이 일어나고, 어떤 것이 현전現前하든지, 항상 반드시 그것은 존재가 X이다, 인 것이며, 어떤 경우에도 '존재'가 주어인 것입니다. 다른 말로 하자면, 여기서는 존재가 형이상적 보편자로서 조정措定되어 있으며, 존재가 다른 모든 것을 술어로 하는 절대적 주어이지 않으면 안 된다고 여겨지는 것입니다. 〈상게서 p.451〉

'X가 존재한다'고 하는 것은 실은 '존재가 X이다'라고 하는 것이고, 또 'Y가 존재한다'고 하는 것은 실은 '존재가 Y이다'라고 하는 것이라는 말은, 진정으로 존재하는 것은 존재이다, 라는 것을 의미한다. 즉 '존재가 존재하는' 것이다. 존재 리얼리티가 전부인 것이다. 현상적 세계에서의 다多는 존재 리얼리티가 개별적으로 분절화된 것에 다름 아니기 때문이다.

존재일성론과 이슬람의 신앙

존재일성론은 이슬람의 신앙과 서로 상즉相即2)할 수 있는 것일까? 이 점에 대해서 이즈쓰는 다음과 같이 말하고 있다.

이슬람의 신앙에 있어서 절대자란 즉 유일한 신이며, 신은 절대적 초월자여서, 신과 세계와의 사이에는 무한의 거리가 있다. 이는 신과 세계가 절대적으로 나누어지기(farq) 때문입니다. 그러나 같은 이슬람 신도 중에서도 존재일성론자들은 신을 이렇게 생각하지 않습니다. 그들에게 있어서 절대자란 궁극적으로는 인격신이 아니며, 그보다도 인격신이기 이전에 인격신도 그것의 한 현현의 형태라고 하는 식으로, 보다 근원적인 무언가를 세우고 그것을 절대미발絶對未發, 미전개未展開, 미분절未分節의 경위境位에 있어서의 존재 리얼리티로 하는 것입니다. 그리고 그것을 동시에 일체의 개별적 존재자가 현현하는 형이상적 근원으로 하는 것인 바, 형이상적 근원으로서의 존재와 그것의 한정된 현현형태로서의 존재와의 사이에 진정한 의미로는—즉 본질적으로는—차이는 없다.

〈상계서 p.467〉

---

2) 역주_두 개의 대립하는 것이 그 본체에 있어서는 서로 하나인 관계에 있는 것.

이에 의하면, 전통적인 이슬람의 신앙과 존재일성론과의 사이에는 큰 차이가 있음을 인정해야만 할 것이다. 전자에 있어서는, 신과 세계와의 사이에는 무한한 거리가 있다. 이에 반해 후자에 있어서는, 그것이 없다고 말해도 좋을 것이다. 신은 세계에 내재하는 것이다. 종교에서의 신과 세계와의 바른 관계는 단순히 전자의 후자에 대한 초월성 속에 있는 것도 아니며, 또 단지 전자의 후자에 있어서의 내재성에 있는 것도 아니지 않을까? 신은 세계를 초월하면서, 세계에 내재하는 것이어야 하는 것이 아닐까? 이슬람의 신앙은 내재성의 계기契機의 결여에 있어서, 또 존재일성론은 초월성의 계기契機의 결여에 있어서, 문제가 있는 것이 아닐까?

신이 인격신이기 위해서는 그 초월적 성격이 불가결하다. 존재 리얼리티의 초월성을 주장하지 않는 존재일성론적 입장에서는 인격신이라는 것은 있을 수 없는 것이리라. 존재 리얼리티는 '인격신도 하나의 현현 형태로 하는 그런것'이라고 하지만, 그 자체가 비인격적인 존재 리얼리티에서 어떻게 인격신이 현현할 수 있을 것인가?

존재일성론의 종교철학적 의의

존재일성론에 있어서 절대자 아하드가 절대의 무이면서, 동시에 절대의 유라는 것은 의미심장하다. 이 문제는 제12장 '절대자의 문제' 부분에서 성찰하게 될 것이다.

제8장

종교비판의 철학

종교비판의 철학에 대한 고려의 필요성

현대에 있어 종교철학의 구축을 시도하려 할 경우에 종교비판의 철학을 한번 되돌아보는 것은 불가결하다. 이것이 없이는 이 시대에 종교철학의 구축도 사상누각과 같은 일이 될 수 있다. 오늘날 종교철학을 구축하는 일은 그리 용이한 일이 아닌 것이다.

약 2500년에 걸친 서양철학사를 기독교와의 관련에서 거시적으로 본다면, 고대철학은 기독교 이전의 철학, 중세철학은 기독교적 철학, 근세철학은 탈 기독교적 철학, 그리고 현대철학은 반反 기독교적 철학이라고 할 수가 있을 것이다. 여기서 반反 그리스도적 철학이란 반反 종교일반의 철학이라고 칭해도 상관 없을 것이다.

칸트는 『순수이성비판』에서 '우리의 시대는 진정 비판의 시대이다1)'라고 말하고 있다. 또 칼 마르크스는 '종교비판은 모든 비판의 전제이다2)'라고 말하고 있다. 물론 똑같이 '비판'이라고 해도, 칸트의 의미와 마르크스의 의미는 전혀 다르다. 칸트의 경우에는 종교비판은 진정한 종교를 위한 기성 종교비판이었지만, 마르크스의 경우에는 종교비판은 종교일반의 파괴를 기도하는 것이다. 칸트는 도덕적 종교를 참 종교라 했지만, 마르크스는 '종교는 …… 민중의 아편이다3)'라고 하며 종교를 단죄했다.

---

1) Kant, *Kritik der reinen Vernunft*, A XI, Fußanmerkung.

2) Karl Marx, Werke-Schriften-Briefe, hrgs. von H.-J Lieber und P. Furth, Darmstadt, I 488.

3) a.a.O.

헤겔 이후의 우리 시대는 종교 파괴의 시대라고 해도 좋지 않을까? 포스트모던의 탈 구축도, 적어도 현상적으로는 파괴의 양상을 띠고 있다. 종교파괴의 움직임은 매우 래디컬radical하다고 해야 할 것이다. 우리는 이하에서 포이에르바하와 마르크스와 니체의 종교 비판을 다루기로 하겠다.

1. 포이에르바하

무신론

마르크스는 '독일에서 종교의 비판은 본질적인 점에서는 끝났다4)'라고 말하고 있는데, 여기서 생각되고 있는 것은 포이에르바하5)에 의한 종교비판이다. 포이에르바하는 현대에 있어서 가장 근본적인 종교비판을 감행한 철학자 중 한 사람임에 틀림없다.

포이에르바하는 자각적으로 무신론자를 자임했다. 그는 이렇게 말하고 있다. "우리는 누군가의 가르침에 의한 무신론자가 아니라, 태생적인 무신론자이며 무신론은 우리의 혈육이다6)." 그러면 포이

---

4) a.a.O.

5) 포이에르바하(Feuerbach, Ludwig Andreas, 1804~1872)는 헤겔학파 좌파의 대표적 유물론자. 감성주의적 인간관에 서서, 현세적 행복론을 설명했다. 그 기독교 비판의 책 『기독교의 본질』은 마르크스와 엥겔스에게 큰 영향을 주었다.

에르바하가 이해하고 있는 무신론이란 어떠한 것일까? 그것은 한마디로 말하면, '인간과는 다른 신의 폐기廢棄7)'라는 것이다. 포이에르바하의 무신론은 근대 인간중심주의의 귀결이다. 그는 신학을 인간학으로 환원한 것이다.

기독교의 운명

포이에르바하가 되풀이해서 정열적으로 주장하고 있는 것은 이제 기독교의 시대는 지나갔다고 하는 것이다. 우리는 '기독교 몰락의 시대'를 살고 있는 것이라고 하면서 다음과 같이 말하고 있다.

신앙을 대신해서 무신앙이, 성서를 대신해서 이성이, 종교와 교회를 대신해서 정치가, 하늘을 대신해서 땅이, 기도를 대신해서 노동이, 지옥을 대신해서 물질적 곤궁이, 기독교인을 대신해서 인간이 등장했다.8)

이제 신앙의 시대는 지나갔다, 이제는 무신앙의 시대이다, 라고 하는 것이다. '무신앙'이라고 번역한 독일어는 Unglaube(운글라우베)로, '불신앙'이라고 번역할 수도 있다. 그러나 여기서는 '무신앙'이

---

6) Ludwig Feuerbachs Sämtliche Werke, neu hrgs. von W. Bolin und F. Jodl, 10 Bände, 2., um 3 Ergänzungsbände (hrgs. von H.-M. Saß) erweiterte Aufl., XIII 387.

7) *Zur Reform der Philosophie*, II 219.

8) a.a.O. II 218f.

라고 번역하는 편이 엄밀하다고 생각된다. 불신앙이란 신앙을 전제한 위에서 그러한 신앙의 결여이며, 신앙에 대해 상대적인 개념이다. 이에 대해 무신앙이라는 것은 신앙—불신앙이라는 상대적 관계 그 자체를 부정하는 것이다. 불신앙은 존재적ontisch인 개념이지만, 무신앙은 존재론적ontologisch인 개념이라고 할 수가 있을 것이다. 포이에르바하의 무신앙은 이미 말했듯이, '인간과는 다른 신의 폐기廢棄'이기 때문에 신 그 자체, 따라서 신앙 그 자체의 부정인 것이며, 곧 불신앙이라고 하기보다는 무신앙이라고 해야 할 것이다. 포이에르바하가 인간존재 그 자체의 무신성無神性 내지는 무신앙성을 폭로한 것은 획기적인 일이라고 해야만 한다.

기독교에 대한 비판

포이에르바하의 기독교의 운명에 대한 인식의 전제에는 기독교의 교의敎義 자체에 대한 비판이 있다. 기독교에는 두 가지 근본적 교의가 있다. 하나는 삼위일체론이고, 다른 하나는 그리스도 양성론兩性論이다. 우선, 전자에 대해서 포이에르바하는 다음과 같이 말하고 있다.

삼위일체의 오의奧義는 사회적, 공동체적 생生의 오의이다9).

---

9) *Das Wesen des Christenthums*, VI 352.

삼위일체란 아버지와 아들과 성령은 셋이지만 하나라고 하는 교의이다. 즉 신은 세 위격位格, hypostasis을 가지지만, 그 본질ousia에 있어서는 하나라는 것이다. 바꾸어 말하면, 세 위격은 그 본질에 있어서 동질homoousios인 것이다. 기독교의 신은 자주 오해받고 있는데, 유일신론적이 아니라 삼위일체론적인 것이다. 이 점은 기독교가 유대교나 이슬람교와 근본적으로 다른 부분이다.

포이에르바하가 말하려고 하는 것은, 삼위일체라고 하는 신 자신의 내부 관계구조의 원천은, 실은 사회적, 공동체적인 인간의 실재적 생에 있는 것인 바, 삼위일체라는 관계구조는 다름 아닌 바로 그런 인간의 실재적 생의 외적 투사로, 완전한 허구라고 하는 것이다.

포이에르바하의 기독교에 대한 두 번째 비판은 수육론受肉論에 관련된 것이다. 수육이란 신의 아들이 사람이 되는 것이다. 수육의 신의 아들이란 다름 아닌 바로 예수 그리스도이다. 양성론에 의하면 예수 그리스도는 '참 신이며 참 인간vere Deus, vere homo'이다. 양성론은 수육의 사건에 대한 해석인 것이다. 포이에르바하는 수육에 대하여 다음과 같이 쓰고 있다.

수육의 오의는 인간에 대한 신의 사랑의 오의이며, 그리고 신의 사랑의 오의는 인간의 자기 자신에 대한 사랑의 오의인 것이다10).

수육은 인간에 대한 신의 사랑을 나타내고 있다고 이야기되지만,

---

10) a.a.O. VI 349.

실은 신의 사랑이란 인간의 인간에 대한 사랑, 즉 다름 아닌 바로 인간애라는 것이다. 이 경우도 신의 사랑이란 실재적인 인간애의 허구에 지나지 않는다고 생각되고 있는 것이다.

우리는 포이에르바하가 가지고 있는 기독교의 운명에 대한 인식의 전제에는 기독교의 교의에 대한 비판이 있음을 말해 왔지만, 실은 이 기독교 비판에 또 하나의 전제가 있다. 그것은 포이에르바하의 신관神觀이며, 이것이야말로 포이에르바하의 기독교 비판의, 아니, 종교 일반에 대한 비판의 근본적 전제인 것이다.

포이에르바하는 『기독교의 본질』에서 신적神的 본질이란 인간적 본질 이외의 그 무엇도 아니다 라고 말하고 있다. 즉 신적 본질이란 인간적 본질이 현실의 개인으로부터 구별되어, 신이라고 하는, 인간과는 다른 존재자의 본질로서 대상화된 것에 다름 아니라는 것이다. 신학의 오의는 실은 인간학인 것이며, 신의 본질의 오의는 실은 인간의 본질에 다름 아닌 것이라고 하는 것이다. 이렇게 해서 신은 실재가 아니라, 인간의 허구 이외의 그 무엇도 아닌 것이 된다.

2. 마르크스

포이에르바하와의 일치

이미 말했듯이 마르크스[11])는 독일에서의 종교비판은 포이에르바하로 종료됐다는 인식을 가지고 있었다. 그는 포이에르바하의 종교 비판을 기본적으로 계승하고 있다. 마르크스의 경우도 포이에르바하의 경우와 마찬가지로, 그 사상의 출발점이 되는 것은 인간이다. 그에 의하면, '인간이 종교를 만드는 것이지, 종교가 인간을 만드는 것은 아니다12)' 포이에르바하는, '종교적 본질을 인간적 본질로 해석했다13)' 종교는 '인간적 존재자의 소외의 형식 및 현존재 양식14)'인 것이다. 이렇게 해서 마르크스는 다음과 같이 주장한다.

신의 현존재에 대한 증명은 실재적·인간적 자기의식의 증명 이외의 무엇도 아니다15).

마르크스에 있어서도 포이에르바하와 마찬가지로 실재하는 것은 인간이며, 종교는 허구인 것이다. 그리고 이 허구가 소외의 형식으로 파악되고 있다.

---

11) 마르크스(Marx, Karl Heinrich, 1818~1883)는 독일의 사회주의자. 엥겔스와 협력하여 과학적 사회주의 사상의 형성에 진력하였다. 20세기에 소비에트 연방의 실험은 파탄했지만, 그 사상적 의의를 완전히 잃어버린 것은 아니다. 특히 인간을 사회적 존재로 보는 견해는 여전히 현대적 의의를 지니고 있다고 할 수 있을 것이다.

12) K. Marx, a.a.O. I 488.

13) a.a.O. II 2f.

14) a.a.O. I 639.

15) a.a.O. I 75.

마르크스의 포이에르바하 비판

마르크스에 의하면, 포이에르바하에 있어서의 인간은 '추상적·고립적·인간적 개체16)'이다. 그러나 인간은 본래 사회적 존재인 것이다. '인간, 이는 추상적抽象的인, 세계의 바깥에 그냥 있는 존재자가 아니다. 인간, 이는 인간의 세계이며, 국가이며, 사회인 것이다17).' 현실의 인간은 사회적 연관 속에 있다. 그런데도 포이에르바하는 이 인간의 사회적 현실을 간과해 버렸다고 하는 것이 마르크스의 포이에르바하에 대한 비판이다.

이미 보았듯이 포이에르바하도 인간의 '사회적, 공동체적 생生'이라고 하는 것을 간과한 것은 아니다. 그러나 그에게는 이 생의 원리는 사회나 역사로부터 추상抽象되어 고립된 개인인 것이다. 사회관계라는 말을 하지만, 그러한 관계의 원리는 개인인 것이다. 개인이 제1차적 존재이고, 사회는 제2차적 존재인 것이다. 그러나 마르크스에서는 포이에르바하에서 제2차적 존재로 간주되었던 사회관계야말로 인간에게 있어 가장 현실적인 것이라고 간주되고 있는 것이다.

---

16) a.a.O. II 3.

17) a.a.O. I 488.

종교비판의 완성으로서의 사회개혁의 필요성

포이에르바하는 신학을 인간학으로 환원했는데, 마르크스에 의하면 인간적 현실은 사회적 현실인 것이다. 그러나 이 현실은 전도顚倒되어 있다. 종교란 이 전도된 현실을 민중이 받아들이도록 하기 위해서 사용되는 아편이라는 것이다. 따라서 철저한 종교비판을 위해서는 종교의 근거가 되고 있는 전도된 사회 자체를 변혁하지 않으면 안 된다는 것이다. 이렇게 하여 다음과 같은 인구人口에 회자膾炙되는 말이 탄생한다.

철학자들은 세계를 단지 다양하게 해석해 왔지만, 중요한 것은 세계를 변혁하는 것이다18).

아무리 종교를 비판해도 소용없다. 종교가 뿌리내리고 있는 전도된 사회적 현실 그 자체를 변혁하지 않으면 안 된다. 이리하여 마르크스는 다음과 같이 말한다.

종교비판이 종결을 보는 것은, 인간이 인간에 있어서 최고의 존재자라고 하는 교설教說을 가지면서이다. 그런 까닭으로 인간이 경멸당하고, 노예가 되고, 버려지고, 모멸당하는 존재와 같은 일절의 관계를 뒤엎으라는 정언명법定言命法19)을 가지고서이다20).

---

18) a.a.O. II 4.

'인간이 인간에 있어서 최고의 존재자라고 하는 교설'은 포이에르바하적이다. 그러나 인간은 포이에르바하가 말하는 것과 같은 추상적·고립적 존재가 아니라, 사회관계 속에 있는 사회적 존재인 것이다. 따라서 인간이 인간성을 향수할 수 있기 위해서는 차별과 억압이 없는 사회여야만 한다. 그러기 위해서는 사회혁명이 불가피하다. 이것이야말로 사회에서의 차별과 억압을 보완하는 체제로서 기능하고 있는 종교의 근본적 비판이 되는 것이다.

3. 니 체

힘을 향한 의지

니체21)의 철학은 '생(삶)의 철학'이라고 말해지듯이 그 근본원리는 '삶Leben'이다. 니체에 의하면 생이란 늘 현재의 자신을 초월해서 살려고 하는 의지이다. 즉 '보다 큰 힘을 추구하는 노력22)'이다.

---

19) 역주_정언적 명령이라고도 한다. 칸트 철학에서, 행위의 결과에 구애됨이 없이 행위 그것 자체가 선(善)이기 때문에 무조건적으로 수행이 요구되는 도덕적 명령.

20) a.a.O. I 147.

21) 니체(Nietzsche, Friedrich Wilhelm, 1844~1900)는 독일의 사상가. 키에르케고르와 함께 실존철학의 원류. 키에르케고르가 유신론적임에 반해, 무신론적. 21세기의 분위기는 농후하게 니체적이다.

22) Nietzsche's Werke, 19 Bände, Leipzig (Großoktav-Ausgabe), XVI 155.

초 인

초인Übermensch은 이러한 의지의 체현자體現者이다. 이제 신은 죽고, 초인이 신을 대신하게 된 것이다. '초인이야말로 대지大地의 의미인 것이다23).'

종 교

니체는 그 생의 철학의 입장에서 종교, 그 중에서도 기독교를 철저하게 비판한다. 니체에 의하면 종교는 생의 힘을 향한 의지를 부정하는 데에서 성립한다. 신이란 이 부정에 다름 아니다. 그렇기 때문에 종교란 생의 '데카당스의 표현Ausdruck der décadence24)'이다.

신의 죽음

니체의 '신은 죽었다Gott ist tot'라는 말은 오늘날 인구에 회자되고 있다. 니체는 이렇게 말한다. '일찍이 전 세계가 믿고 있었던 낡은 신은 이제는 살아있지 않은 것이다25).' 니체에 의하면 신은 오늘

---

23) a.a.O. VI 13.

24) a.a.O. XVI 427.

25) a.a.O. VI 376.

날에 이르러 죽은 것이 아니다. 이미 오래 전부터 죽었던 것이다. 왜
냐하면 신은 '생과 모순되는 것26)'이며, '생을 저주하는 것27)'이기
때문이다. '신은 죽었다'고 하는 것은 신의 자연사自然死가 아니다.
'우리가 그를 죽인 것이다.—당신들과 내가! 우리 모두가 그의 살인
자인 것이다!28)' 덧붙여서 말하면 '신은 죽었다'고 하는 말은 니체
의 조어造語가 아니다. 근세의 찬송가의 말이다. 니체는 그것을 독자
적인 의미로 바꾼 것이다.

니힐리즘

니체에 의하면 전통적 형이상학의 붕괴와 신의 죽음을 경험한 현대
는 근본적으로 니힐리즘의 시대이다. 니체는 니힐리즘을 존재와 가치
와 관련시켜 생각하고 있다. 존재의 니힐리즘이란 진정한 존재는 없
다고 하는 것이다. 니체는 이렇게 말한다. '진리라는 것은 전혀 없다
고 하는 신앙'은 '니힐리스트의 신앙'이다29) 라고. 가치의 니힐리즘
이란 '절대적 무가치성의 신앙'이다30). 가치라는 것이 생 및 세계에
대한 해석의 지침이라고 한다면, 절대적 무가치성의 신앙은 생의 무

---

26) a.a.O. VIII 235.

27) a.a.O. XVI 392.

28) a.a.O. VI 63.

29) a.a.O. XVI 94.

30) a.a.O. XVI 102.

목표성無目標性의 신앙과 세계의 무의미성의 신앙을 함의하는 것이 될 것이다. 니체는 이렇게 말하고 있다. '철학적 니힐리스트가 확신하고 있는 것은, 모든 생기生起는 무의미하며 허무하다고 하는 것이다31).'

기독교는 니힐리즘이다

니체에 있어서 니힐리즘의 개념은 양의적兩義的이다. 즉 한편에서는 전통적 형이상학 및 기독교의 붕괴는 니힐리즘을 초래한다고 말하면서, 다른 한편에서는 인간에게 있어서 유일한 현실인 생生으로부터 이탈해 있는 전통적 형이상학 및 기독교 자체가 실은 니힐리즘이라고 하는 것이다. 이미 살펴 보았듯이, 니체에 의하면 종교라는 것은 데카당스이며, 신이라는 것은 생과 모순되는 것인 이상, 본래 종교는 니힐리즘인 것이다. 기독교는 '니힐리즘적 종교eine nihilistis-che Religion'인 것이다32). '니힐리스트와 기독교, 양자는 일치33)' 하는 것이다.

가치의 창조

전통적인 진리와 가치의 기반인 형이상학과 기독교가 붕괴한 지금, 새로운 진리를 찾아내고, 새로운 가치를 창조하지 않으면 안 된

---

31) a.a.O. XV 165.

32) a.a.O. XV 258.

33) a.a.O. VIII 307.

다. 니체에 의하면, 새로운 진리발견과 새로운 가치창조를 위한 지반
地盤은 우리의 생生이다. 이제 우리에게 주어진 것은 생 외에는 아무
것도 없다. 어떠한 진리도, 가치도 없다. 생은 스스로를 위해 진리를
발견하고, 그 진리에 의거하여 가치를 창조하지 않으면 안 된다. 이
렇게 해서 니체가 발견한 진리란, 세계의 '영겁회귀永劫回歸, die ewi-
ge Wiederkehr'이며, 그리고 가치란 그러한 '운명에 대한 사랑amor
fati'인 것이다.

영겁회귀

니체는 동물들의 입을 통해서 영겁회귀永劫回歸에 대해 다음과 같
이 이야기하고 있다.

> 모든 것은 지나가고 모든 것은 되돌아온다.
> 영원히 회전하는 것은 존재의 수레바퀴
> 모든 것은 부서지고 모든 것은 새로 맞추어진다.
> 영원히 세워지는 것은 똑같은 존재의 집
> 모든 것은 헤어지고 모든 것은 다시 만난다.
> 영원히 진실한 것은 존재의 고리
> 순간마다 존재가 시작된다.
> 언제라도 여기서 회전하는 것은 '저기'의 공球.
> 중심은 어디에나 있다.
> 굽어짐은 영원한 길34).

니체에 의하면 영겁회귀는 '니힐리즘의 극단적인 형식35)'이다. 왜냐하면 거기서는 모든 것이 어떤 의미도 목표도 없이 영원히 반복되기 때문이다. 무無로조차 끝나는 일이 없다. 무의미한 일이 끝없이 영원히 계속되는 것이다. 니체는 이러한 영겁회귀는, 한편으로는 철저한 니힐리즘과 동시에, 다른 한편으로는 니힐리즘의 극복이라고 한다. 왜일까? 니체가 말하건대, 니힐리즘을 회피하는 일 없이 그것을 의지적으로 수용하는 것은, 니힐리즘에 가치를 부여하는 일이 된다는 것이다.

운명에 대한 사랑

영겁회귀의 진리를 운명으로서 의지적으로 받아들이는 것, 즉 '운명에 대한 사랑'은 인간적 생에 있어서 가장 가치 있는 일이다. 낡은 신을 대신한 초인은 단연코 운명애運命愛로 살아가는 것이다.

그러나 초인이 아닌 우리들은 운명애로 꿋꿋이 살아내며 니힐리즘을 극복할 수 있을 것인가? 니체 자신은 어떠했을까? '감벽紺碧의 고독' 속에 사는 자라투스트라, '인간과 시대의 저편 6천 피트에' 존재하는 자라투스트라는 현실의 니체에 힘을 부여해 주었을까?

후년의 자전적 저작 『이 사람을 보라』 속에 우리는 다음과 같은

---

34) a.a.O. VI 317.

35) a.a.O. XV 182.

말을 발견한다. '나는 나의 자라투스트라를 일별—瞥할 때, 오열의 경련을 참지 못하고 한 시간 정도 방 안을 왔다 갔다 한다.' 현실의 니체와 자라투스트라의 사이에는 무한의 거리가 개재되어 있다. 자라투스트라는 스스로 이외의 어떠한 타자도 인정하지 않는다. 인정한다면, 그는 이미 초인이 아니다. 그는 초연하게 현실의 니체를 묵살한다. 가엾은 니체는 애처롭게 호소하며 말한다.

> 대체 누가 너를 사랑할까.
> 너무나도 부유한 자를.
> 너의 행복은 주변을 메마르게 하고
> 사랑을 부족하게 하고
> ——비 없는 토지로 만든다.36)

초인 자라투스트라는 지상의 인간에게 결국 죽음 밖에 가져오지 않는다. 그의 사명은 인간을 멸하게 하는 데 있는 것이지, 구원하는 데 있는 것이 아닌 것이다. 만년의 니체의 비참함이 초인사상의 현실을 상징하고 있다고 생각된다.

---

36) Nietzsche, *Ecce homo*, Krönersche Klassiker Ausgabe, S. 470.

제9장

종교비판의 비판의 철학

앞 장에서 '종교비판의 철학'을 고찰했는데, 본 장에서는 이 종교
비판의 철학에 답하고자 한다.

1. 신은 실재인가 허구인가

포이에르바하와 마르크스

포이에르바하와 마르크스는 인간관에 있어서는 다르다고 해도, 신
관神觀에 있어서는 일치하고 있다. 그들의 신관을 간결하게 말하자
면, 신은 실재가 아니라 허구라는 것이다. 신은 과연 실재하는 것인
가, 아니면 허구에 지나지 않는 것인가?

전통적 형이상학에는 신의 존재증명이라는 중요한 과제가 있었지
만, 칸트가 증명의 불가능성을 밝힌 이래, 오늘날에는 그러한 시도는
거의 행해지지 않게 되었다. 그러나 칸트는 신의 현존재 증명을 전면
적으로 부정한 것은 아니다. 칸트는 사변적으로 신의 현존재 증명은
불가능하지만, 실천적으로는 가능하다고 생각했다. 즉 덕과 행복의
일치로서의 최고선은 순수이성의 필연적 목적인데, 이러한 최고선의
필연적 제약으로서 신의 현존재가 요청된다는 것이다. 전통적 형이
상학도, 그것을 비판한 칸트의 철학도, 여하튼 신의 현존재 증명이라
는 것을 시도하고 있다. 그것이 타당한지 어떤지는 어찌됐든 '증명'
이라는 것이 시도되고 있는 것이다.

이에 비하면 포이에르바하와 마르크스의 신관은 단지 주장이며, 결코 신의 비존재증명에 근거하는 것은 아니다. 그러나 그렇다고 해서 그 주장이 전혀 의의가 없다는 식으로 말할 수는 없다. 특히 종교철학에 있어서는, 어떤 주장이라 할지라도 그것이 의거하여 서 있는 지반地盤이라는 것이 중요하다. 어떤 주장이 어떠한 지반으로부터 이루어져 있는가 하는 것이 중요하다. 이 문제에 관하여 이미 본 바와 같이 하타노 세이치波多野精一는 다음과 같이 말했다. '종교철학은 어디까지나 종교적 체험의 이론적 회고, 그것의 반성적 자기이해이지 않으면 안 된다'. 그리고 니시다 기타로西田幾多郞[1]는 다음과 같이 말하고 있다.

> 종교를 논하는 자는 적어도 자기의 심령 상의 사실로서 종교적 의식을 가진 자이지 않으면 안 된다. 그렇지 않으면, 자신은 종교를 논하고 있다고 생각하지만 실은 다른 것을 논하고 있는 것인지도 모른다.
>
> 〈「場所的論理と宗教的世界観」西田幾多郞全集 第11卷, 岩波書店, p.373〉

포이에르바하도 마르크스도 종교적 체험은 커녕, 종교적 의식조차 없는 것이다. 즉 하타노가 말하는 '신성성神聖性'의 의식은 전혀 없다. 그들은 '자신은 종교를 논하고 있다고 생각하지만, 실은 다른 것

---

1) 니시다 기타로(西田幾多郞, 1870~1945)는 일본을 대표하는 독창적 철학자. 스즈키 다이세쓰(鈴木大拙)는 평생의 벗. 선(禪)에 몰두하여 '촌심(寸心)'이라는 거사호(居士號)를 가짐. 죽음 직전에 완성한 「장소적 논리와 종교적 세계관」은 불교와 기독교를 비판적으로 대비한 것으로, 오늘날도 여전히 변함없이 의의를 가진다. 『西田幾多郞全集』 전 19권(岩波書店)이 있다.

을 논하고 있는지도 모르는' 것이다. 스스로 실천적·주체적 입장에 서는 일 없이, 이론적·방관적 입장에 서서 종교현상을 관념적으로 설명하고 있는 데 지나지 않는 것이다.

무신론의 추상성

포이에르바하의 무신론은 '인간과는 다른 신의 폐기'를 의미하는 것이었다. 이 무신론은 단순히 인간과는 다른 신의 폐기를 의미할 뿐 아니라, 무릇 인간과는 다른 것 일반을 폐기하는 것이다. 인간 이외 의 일체의 타자를 인정하지 않는 인간 절대주의이다. 이는 인간이 신 이 되는 인신人神의 입장이다. 자기에게 있어서의 타자를 인정하지 않는 입장이라는 것은 얼마나 추상적인 것인가. 자기는 자기가 아닌 것, 즉 타자에 매개되어 비로소 자기가 되는 것이다. 포이에르바하의 무신론은 데카르트 이래의 인간중심·자기중심의 근대사상의 래디 컬radical한 귀결이라고 말할 수 있을 것이다.

마틴 부버2)는 『나와 너』 속에서 '태초에 관계가 있다'고 말하고 있다. 즉 나와 너의 관계에서는, 나와 너의 존재가 제1차적이며 관계 는 제2차적인 것이 아니라, 관계에 있어서 비로소 나는 나가 되고,

---

2) 마틴 부버(Martin Buber, 1878~1965)는 오스트리아 출생의 유대인 종교철학자. 나치스가 출현하기까지 독일에서 활동했으나, 팔레스티나로 이주. 1938년 이래 히브리대학 교수. 주 저는 『나와 너』. 팔레스티나 문제에 관해서는 이스라엘과 아랍의 평화공존에 진력했다. 『부 버 저작집(ブ―バ―著作集)』 전 10권 (미스즈 서방(みすず書房))이 있다.

너는 너가 된다는 것이다. '태초에 관계가 있다'는 것은 바꾸어 말하면 네가 있다, 그러므로 내가 있다, 라는 것이다. 너 없이는 나는 없는 것이다. 구체적인 나는 구체적인 너에 매개되는 일이 없이는 불가능한 것이다. 구체적인 나와 구체적인 너는 상호매개에 의해서만이 가능해지는 것이다. 이러한 나―너의 관계는 자기―타자의 관계라고 바꾸어 말해도 좋다.

나―너의 관계에서, '관계'에 대해 '나와 너'의 우위성을 주장하는 입장을 실체론적 입장, 그에 비해서 '나와 너'에 대해 '관계'의 우위성을 주장하는 입장을 관계론적 입장이라 칭한다면, 인간존재의 사회성을 강조하는 마르크스는 부버와 마찬가지로 관계론적 입장에 서 있다. 이 점은 평가하지 않으면 안 된다. 그러나 그는 타자는 인정해도 절대타자는 인정하지 않았던 것이다. 포이에르바하의 경우는 절대타자뿐 아니라 무릇 타자 일반을 부정한다고 말할 수 있지 않을까? 그것은 사랑에 대한 사고방식에도 나타나 있다고 말할 수 있지 않을까?

신의 사랑은 자기애가 아니다

포이에르바하는 '신의 사랑'이라는 것이 실은 '인간의 자기 자신에 대한 사랑'에 다름 아니라고 말하고 있지만, 과연 그럴까? 절대타자로서의 신을 부정하는 포이에르바하에 있어서는 사랑이란 인간의 사랑이며, 그리고 그것은 '자기 자신에 대한 사랑', 즉 자기애自己愛

이다. 포이에르바하에 있어서 인간이라는 것은 개인으로서 파악되고 있기 때문에, '인간의 자기 자신에 대한 사랑'이란 자기의 자기에 대한 사랑이라는 것이 된다. 실재적인 신의 인간에 대한 사랑을 부정하는 것은, 곧 이 사랑에 대한 응답으로서, 인간의 신을 향한 사랑을 부정하는 것은, 인간의 인간을 향한 사랑을 부정하는 것이 된다. 절대타자로서의 신을 향한 사랑의 부정은 상대타자로서의 인간을 향한 사랑의 부정과 상즉相即하는 것이다. 포이에르바하의 '인간의 자기 자신에 대한 사랑'이란, 이렇게 해서 결국 자기의 자기 자신에 대한 사랑이지, 자기의 타자에 대한 사랑은 아닌 것이다. 어째서 단지 자기애가 사랑에 해당하는 것인가?

포이에르바하는 신의 사랑을 자기애로 환원시켜 버렸지만, 그것은 근본적인 오류이다. 제6장의 '기독교적 종교철학'에서 상세히 기술했듯이, 신의 사랑은 아가페이며, 무릇 자기애라는 것과는 근본적으로 다른 것이다. 자기애는 타자를 부정하고 자기를 긍정하는 것이지만, 아가페는 타자를 긍정하고 자기를 부정하는 것이다.

신관계神關係와 인간관계의 상즉相卽

여기서 신관계란 인간의 신과의 관계를 말하며, 인간관계란 인간의 인간과의 관계를 말한다. 전자는 절대적 관계이고, 후자는 상대적 관계이다. 전자가 절대적 관계인 것은 이 관계가 신의 인간과의 관계에 대한 응답으로서의 인간의 신과의 관계이기 때문이다. 이렇게 인간의 신관계는 신의 인간관계에 대한 아날로기아(유비類比)인 것이다. 어쨌든 인간의 신관계와, 인간의 인간관계라는 두 가지 관계는 상즉하는 것이다.

부버는 인간적인 나—너의 관계의 안쪽이라고 할까, 연장선상이라고 할까, 신적神的인 나—너의 관계를 예감하고 있다. 즉 나와 인간적인 너du와의 관계 안쪽에, 나와 신적인 너Du와의 관계가 있다고 말하는 것이다. 키에르케고르는 좀 더 직설적으로, 인간관계의 중간규정으로서 신적 관계가 있다고 말한다. 즉 인간과 인간과의 진정한 관계는 인간과 신과의 관계를 그 진정한 관계의 중간규정으로서 가지고 있다는 것이다.

내가 신관계와 인간관계는 상즉한다고 말할 때, 한쪽의 관계는 다른 한쪽의 관계없이는 있을 수 없다, 라는 것이다. 즉 인간관계 없이 신관계는 없고, 또 신관계 없이 인간관계는 없는 것이다. 둘의 관계는 하나의 관계이며, 또 하나의 관계는 둘의 관계인 것이다. 바꾸어 말하면, 신관계와 인간관계는 불일불이不—不二한 관계인 것이다. 성서는 다음과 같이 말하고 있다.

우리가 사랑함은 그가 먼저 우리를 사랑하셨음이라 누구든지 하나님을 사랑하노라 하고 그 형제를 미워하면 이는 거짓말하는 자니 보는 바 그 형제를 사랑하지 아니하는 자는 보지 못하는 바 하나님을 사랑할 수 없느니라 우리가 이 계명을 주께 받았나니 하나님을 사랑하는 자는 또한 그 형제를 사랑할지니라

〈『요한1서』 4장 19-21절〉

관계 내 존재

인간존재는 이미 신관계와 인간관계 안에 있다. 이는 현상학적인 사실이다. 이 관계의 밖에 고립되어 있는 인간존재는 추상적이다. 구체적인 인간존재는 이미 이 관계 안에 있는 것이다. 인간존재는 관계 내 존재다, 라고 하는 것은 내 철학의 근본적인 전제이다. 나는 굳이 이것을 논증하려고 생각하지 않는다. 여러 가지로 설명할 수는 있어도, 애당초 논증할 수 있는 성질의 것이 아니다. 각각의 철학에는 그 철학 고유의 직각적直覺的인 전제라는 것이 있는 것이다. 데카르트의 '코기토·에르고·숨'이 그렇고, 칸트의 '순수이성의 사실'이 그렇고, 헤겔의 '실체는 주체이다'가 그렇고, 하이데거의 '세계—내—존재'가 그렇다. 또한 여기서 한마디 부언해 둔다면, 관계 내 존재라는 것 중에서 신관계에 관해서도, 나는 인간의 신관계보다도 신의 인간관계 쪽이 근원적이라고 해석하고 있다. 전자는 후자에 대한 응답인 것이다. 나는 이미 나 자신의 종교적 의식 내지는 종교적 체험에 의거하여 말하고 있음을 자각하고 있다.

이율배반—유신론인가 무신론인가

신은 실재하는가 하지 않는가? 유신론인가 무신론인가? 이 이율배반은 철학적으로는 해결할 수 없다. 즉 사변적思辨的으로도 실천적으로도 해결할 수 없다. 얼핏 칸트는 유신론의 옳음을 사변적으로는 논증할 수 없지만, 실천적으로는 논증할 수 있음을 보인 것처럼 생각되지만, 결코 그렇지 않다. '신은 있습니다'라고 하는 것은 인간 칸트의 철학 이전의 신앙이며, 그 철학은 그 이전의 신앙을 로고스화하고 있음에 지나지 않는 것이다. 포이에르바하의 무신론도 철학적 탐구의 결과가 아니라, 전제인 것이다. 어쨌든 나 자신이 결단하지 않으면 안 된다. 어느 쪽엔가 걸지 않으면 안 된다.

2. 신은 죽었나

신이란 누구인가

'신은 죽었다'고 말한다. 아니, 자연히 죽은 것이 아니라 '우리가 그를 죽인 것이다'라고 말한다. 도대체 신이란 누구를 말하는 것인가. 우리를 억눌러 온 나쁜 지배자를 살해한 것이라면, 우리를 지배하는 것은 이제 아무도 없는 것이니, 우리는 좀 더 기운을 차리고 여유롭게 있어도 좋지 않은가. 그런데 어찌된 일인가. 그 사람이 '신은 죽었다'고 외친 지 백 년이 지난 지금, 우리는 완전히 기운을 잃고 의기소침해져 있지 않은가. 이는 대체 어찌된 일인가. 그 사람이 낡은 신을 대신해서 세운 초인인가 하는 새로운 신은 우리에게 좋은 신이었던 것일까? 20세기의 경험은 우리에게 무엇을 가르쳐 주고 있는가. 우리는 나야말로 초인이라고 자칭한 광신가에 의해 너무나도 호되게 당하지 않았던가. 초인은 냉혹무비冷酷無比한 것이 아닌가. 그러고 보니, 초인을 탄생시킨 부모라 할 수 있는 그 사람 자신이 만년에 고독 속에서 한탄하고 있지 않았던가. '대체 누가 너를 사랑할까'라고. 초인은 자기 혼자만이 부유하고, 주변의 사람들이 아무리 가난하다 하더라도 돌아보려 하지 않는다. 차갑다. 자기만 좋으면 그것으로 되는 것이다. 자신의 영광을 위해서 다른 사람은 모두 멸망해가도 되는 것이다. 그렇게 생각하고 있는 것이다. 이런 지배자의 뒤를 따라가면, 반드시 참혹한 꼴을 당할 것이다. 다만 스스로 초인이 되고자 하는 야망을 품은 사람은 예외겠지만. 우리는 정말로 나쁜 신을 죽인 것일까? 확실히 죽인 것이다. 나쁜 신을.

나쁜 신이라고 하는데, 그것은 대체 무엇인가.

우상이다.

우상이란 무엇인가.

우리가 우리의 사상似像으로 만든 것이다.

그러면 우리는 스스로 만든 것을 부숴버린 것이니 자살행위가 아닌가.

그렇다. 우리는 진정한 신을 죽인 것이 아니라, 거짓 신을 죽인 것이다. 거짓 신을 만든 우리들 자신을 죽인 것이다.

그러면, 그 사람은 '우리들은 그를 죽였다'고 말했지만, 우리 자신이 자살했다고 하는 것은 아닐까?

맞다.

그러면, 그 사람은 인간찬가를 불렀다고 생각했지만, 사실은, 인간만가輓歌를 부른 것이 아닌가. 실제로 그 이후, 우리는 모두 죽어가기 시작했다.

분명히 그러하다. 하지만 역시 그 사람은 위업을 달성한 것이다. 왜냐하면 우리를 매우 혼란시켜 온 우상을 파괴해 주었으니까. 단, 그 사람의 실수는 파괴한 낡은 우상 뒤에 다시 새로운 우상을 세워버린 것이다.

관념의 신과 실재의 신

니체가 죽인 신은 실재의 신이 아니라 관념의 신이다. 니체가 기독교를 공격할 때에는 언제나 플라톤주의에 대한 공격과 하나가 되어 있다. 니체에 있어서 기독교는 플라톤주의의 구체적 표현으로 보였던 것이다. 플라톤주의의 원리는 이데아계와 현상계의 이원론이다. 실재의 세계, 가치의 세계는 우리들 세계의 배후에 있는 이데아계이고, 현상의 세계는 이데아의 세계에 의해 규정되어 있는 가상의 세계인 바, 이 이데아의 세계를 지향하여 운동하는 것이다. 니체 철학의 원리는 생이며, 이 생에 있어서는 의지의 대상으로서의 경험적 세계가 전부인 것이다. 니체는 기독교도 플라톤주의와 마찬가지로 이원론이라고 해석했다. 그리고 신을 배후세계의 원리로 해석했다. 그러나 이렇게 해석된 신은 관념적인 신이지 실재적인 신이 아니다. 애당초 죽은 신이며, 살아있는 신이 아니다.

생生과 신神

니체는 생과 신은 모순되는 것이며, 신은 생을 저주하는 것이라고 말한다. 그러나 그러한 신은 배후세계의 원리로 생각되는 관념적인 신이다. 이런 신은 조금도 무섭지 않다. 신이 생을 저주한다고 하지만, 그것은 생을 저주한다고 하는 관념적인 신을 스스로 만들어 놓고, 그 신이 저주하도록 하고 있을 뿐이 아닐까? 신이 생을 저주한다고는 하지만, 실은 그것은 인간의 자기저주, 자기주박呪縛이 아닐까? 진정 살아있는 신은 만물의 창조자로서 생을 축복하는 신이다. 만일 창조자인 신이 스스로의 피조물을 저주한다고 한다면, 그것은 스스로의 창조 그 자체를 저주하는 일이며, 결국 신의 자기저주가 되지 않을까? 그런 일은 있을 수 없는 일이다. 신은 창조 시에 피조물을 보고 그것을 좋다고 하신 것이다. 사람의 창조 시에는 다음과 같이 말씀하셨다.

> 하나님이 이르시되 우리의 형상을 따라 우리의 모양대로 우리가 사람을 만들고 그들로 바다의 물고기와 하늘의 새와 가축과 온 땅과 땅에 기는 모든 것을 다스리게 하자 하시고 하나님이 자기 형상 곧 하나님의 형상대로 사람을 창조하시되 남자와 여자를 창조하시고 하나님이 그들에게 복을 주시며 하나님이 그들에게 이르시되 생육하고 번성하여 땅에 충만하라, 땅을 정복하라, 바다의 물고기와 하늘의 새와 땅에 움직이는 모든 생물을 다스리라 하시니라 〈『창세기』 1장 26-28절〉

또 여호와는 하란에 있던 아브람3)에게 다음과 같이 말씀하셨다.

여호와께서 아브람에게 이르시되 너는 너의 고향과 친척과 아버지의
집을 떠나 내가 네게 보여 줄 땅으로 가라 내가 너로 큰 민족을 이루고
네게 복을 주어 네 이름을 창대하게 하리니 너는 복이 될지라 너를 축복
하는 자에게는 내가 복을 내리고 너를 저주하는 자에게는 내가 저주하
리니 땅의 모든 족속이 너로 말미암아 복을 얻을 것이라 하신지라

〈『창세기』 12장 1-3절〉

초인사상의 반反철학성

초인사상은 사람이 신이 되려고 하는 인신人神의 사상이다. 소크
라테스가 말하듯이, 철학의 사명이 자신을 아는 데 있다고 한다면,
인신사상은 가장 반反철학적인 사상이 아닐까?

'너 자신을 알라', 델포이의 아폴론 신전의 입구에 새겨진 비문의
이 말을, 소크라테스는 자신의 철학활동의 아르케(시원始源)이자 텔로
스(목적)로 하였다. 아폴론 신전을 찾아오는 인간에게 던지고 있는
이 말의 직접적인 의미는, 신이 아닌 그대 인간이여, 그대는 스스로
가 죽어야만 하는 존재임을 알라는 것일 것이다. 그리스의 신들은 매

---

3) 아브라함은 신과 계약을 맺기 이전에는 '아브람'이라 불리고 있었다.

우 인간적이지만 그러한 신들이 인간과 결정적으로 다른 것은, 인간은 죽을 수밖에 없지만, 신은 불사신不死身이라는 것이다. 인간은 죽을 수밖에 없는 존재라는 자기의 운명을 스스로 알고, 결코 교만하여 신들처럼 되려고 해서는 안 된다는 것이 이 아폴론 신전의 비문에 있는 말의 의미인 것이다. 독신瀆神의 이유로 처형된 소크라테스는 일생 동안 진정한 의미에서 경건했다. 다이모니온4)의 금지명령에는 완전히 청종聽從했다.

'교만hybris(휴브리스)'은 그리스사상에서 인간의 최대 악덕으로 간주되고 있는데, 이는 성서에서도 마찬가지이다. 『창세기』제3장의 타죄墮罪이야기에서 뱀이 여자를 유혹하여 말하기를, '너희가 결코 죽지 아니하리라 너희가 그것을 먹는 날에는 너희 눈이 밝아져 하나님과 같이 되어 선악을 알 줄 하나님이 아심이니라'(『창세기』3장 4-5절). 그래서 여자는 '하나님과 같이 되려'고 금단의 나무 열매를 따 먹었다. 심층적인 의미에서 타죄란 인간의 도덕적 타락을 말하는 것이 아니다. 종교적 교만을 말하는 것이다. 그리스적으로 초인사상은, 유한자有限者인 인간이 자기의 분수를 넘어 신이 되려고 하는 인간의 가장 깊은 악덕이며, 성서적으로는 죄 가운데 가장 심각한 것이다. 철학의 사명使命이 소크라테스에 있어서 그랬던 것처럼, 나 자신을 아는 데 있다고 한다면, 초인사상은 가장 반反철학적인 사상이라

---

4) 다이모니온(daimonion)은 다이몬(신들 중 한 명)과 연관을 갖는 불가사의, 영묘(靈妙)를 의미한다. 철학사에 있어서 유명한 것은 소크라테스에게 작용한 다이모니온이다. 다이모니온의 목소리는 소크라테스에게만 들린다. 그 목소리는 무언가를 '이루라'는 적극적인 것이 아니라, 언제나 '해서는 안 된다'라는 금지의 목소리이다.

고 할 수 있을 것이다.

인간존재의 근본규정으로서의 관계 내 존재

마지막으로 한 번 더 반복하지만, 인간존재는 관계 내 존재이다. 즉 절대타자와의 절대관계와 상대타자와의 상대관계 안에 있는 것이다. 이 관계에서 벗어난 인간존재는 추상적이다. 상대관계를 동반하지 않는 절대관계도, 또 절대관계를 동반하지 않는 단순한 상대관계도, 모두 추상적이다. 바꾸어 말하면 절대관계와 상대관계는 불일불이不一不二한 것이다.

제10장

종교철학의 과제

회 고

우리는 '종교철학'을 현상학적·해석학적으로 규정하려고 해왔다. 즉 '종교철학'의 과제를 갑자기 초월적으로 규정하지 않고, 우선 불교, 기독교, 이슬람교라는 현실에 존재하는 종교를 고찰하였고, 그다음으로 종교일반의 철학적 과제로 나아가기 전에 구체적인 종교에 기반을 둔 종교철학, 즉 특수적 종교철학을 고찰하였다. 우리가 거론한 특수적 종교철학은 불교적 종교철학, 기독교적 종교철학, 이슬람적 종교철학이었다. 종교일반의 철학의 과제에 대한 성찰에 앞서, 또한 해야만 하는 세 번째 것이 있었다. 그것은 종교비판의 철학에 대한 고찰과 그에 대한 반박이었다. 왜냐하면 현대에서는 종교비판에 대한 고찰과 그에 대한 반박 없이는 직접 종교철학을 이야기할 수가 없기 때문이다. 우리는 이 기초 작업들을 마쳤다. 이제 종교철학의 과제를 적극적으로 확정지어야 하는 때가 왔다. 또 우리는 그것을 이룰 수 있는 지평에 도달했다.

1. 구제의 문제

불 교

붓다가 출가한 것은 윤회전생이라고 하는 고苦의 운명으로부터의 해탈을 추구해서였다. 그리하여 환락도 고행도 아닌, 중도中道로서의 명상이라는 방법으로 얻은 성도成道의 내실은 결국 팔정도八正道라는 것이다. 즉 사체四諦 중의 제4체·도체道諦는 '고행의 소멸로 나아가는 길'인데, 그 구체적인 내실이 팔정도이다. 따라서 간결하게 말하면, 원시불교는 고苦로부터의 구제라는 문제에 대해서 '팔정도'로 응답했다고 할 수 있을 것이다.

기독교

바울이 전하고 있는 원시교단의 신앙고백에 있어 중요한 것은, 예수의 죽음이 속죄사贖罪死였다는 것과 예수가 부활했다고 하는 것이다. 십자가 위에서의 예수의 죽음은 속죄사이며, 부활은 그 죽음으로부터의 부활이라는 것이다. 십자가와 부활, 이 둘이 기독교 신앙의 근간根幹이다. 이 두 가지는 비연속의 연속이라는 관계에 있는데, 십자가는 부활의 존재근거이며, 부활은 십자가의 인식근거이다. 속죄, 즉 죄가 사해진다고 하는 것은 죄를 용서받는 것, 바꾸어 말하면 의義로 인정받는 것인데, 죄의 용서 또는 의인義認은 구제 그 자체가 아니다. 의인은 구제의 시작이기는 하지만, 구제 그 자체는 아니다. 구제는 의인義認과 성화聖化의 일치로서 세상의 종말에 성취된다.

죄와 고苦

　불교는 고苦로부터의 구제를 설명하지만, 기독교는 죄罪로부터의
구제를 설명한다. 양자는 똑같이 구제를 설명하지만, 불교적 구제가
전제하고 있는 인간적 생의 현실은 고苦이고, 기독교적 구제가 전제
하고 있는 그것은 죄이다. 죄와 고는 어떠한 관계에 있는 것일까?
　성서적으로는 죄란 법을 전제하고 있다. 즉 법을 어기는 것이 죄인
것이다. 그리고 죄는 필연적으로 벌을 동반한다. 인간적 생의 고는
죄의 벌인 것이다. 『창세기』 제2장은 이와 같이 이야기하고 있다. 타
죄墮罪의 결과, 여자에 대해서 선고된 벌은 첫째로 출산의 고통이고,
둘째로 성性의 비참함이고, 셋째는 성차별이다. 그리고 남자에 대해
서 선고된 죄는 첫째로 노동이라는 수고이고, 둘째로 죽음이라는 숙
명이다.
　성서가 말하듯 고가 죄의 결과로서의 벌인가 아닌가는 어찌 되었
든 간에, 현실적으로 인생이 고로 가득 찬 것임은 냉엄한 사실로서
누구도 부정할 수 없을 것이다. 따라서 인간은 불가피하게 이 고로부
터의 구제를 원할 수밖에 없다. 여기에 종교의 기원이 있다. 즉 종교
의 관심사는 구제에 있는 것이다. 인생이 고로 가득 찬 것인 이상, 그
것으로부터의 구제의 가르침으로서 종교는 인간에게 없어서는 안 되
는 것이다.

자력自力과 타력他力

붓다는 스스로 명상해서 성도聖道를 얻었다. 바꾸어 말하면, 불교는 정토교淨土敎의 문제는 있지만, 대략적으로 말하면, 깨달음의 종교로서 자력적自力的이라고 할 수가 있을 것이다. 이에 비해서, 기독교에서의 구제는 예수 그리스도에 대한 신앙에 의거하는 것이다. 바울은 이렇게 말한다. '그러므로 사람이 의롭다 하심을 얻는 것은 율법의 행위에 있지 않고 믿음으로 되는 줄 우리가 인정하노라'(『로마서』 3장 28절). 기독교는 자력적인 깨달음의 종교가 아니라, 타력적他力的인 믿음의 종교인 것이다.

이슬람교

불교도 기독교도 둘 다 자력, 타력의 차이는 있지만 똑같이 구제의 종교이다. 이슬람교는 어떨까? 이슬람교도 구제종교이다. 이슬람은 육신오행六信五行으로 요약됨은 이미 기술하였는데, 육신 중의 제5신은 최후의 심판에 관련되는 것이다. 최후의 심판에서 모든 사람은 각자의 신앙과 행위에 따라서 천국이나 지옥으로 보내진다. 코란에는 천국이 파라다이스로서 감각적으로 그려져 있다. 이러한 천국으로의 구제를 믿고, 무슬림은 현실의 고난 속에서 육신오행에 힘쓰는 것이다.

그런데 이슬람교는 자력종교인가, 아니면 타력종교인가? 이슬람교는 자력에 기반을 둔 타력종교라고 말할 수 있을 것이다. 자력종교와 타력종교를 구별하는 것은 구제자가 있는가 없는가 하는 것인데, 이슬람교에는 알라라고 하는 구제자가 있기 때문에 그 점에서는 타력종교이지만, 알라는 사람의 죄를 무조건적으로 용서하고 구해주는 것이 아니라, 사람이 육신오행에 힘쓰는 데 한해서만 구해 주는 것이다. 그런 의미에서는 자력적 요소가 전제되는 것이다. 그 점에서 유대교와 근사하다. 기독교의 입장은 신앙의인信仰義認의 입장이지만, 유대교의 입장은 율법의인律法義認의 입장이다. 유대교에도 유대교가 말하는 구제자인 야훼가 있지만, 이 야훼는 인간의 신앙과 행위를 문제로 삼는 것이다. 이슬람교는 유대교와 마찬가지로 자력적·타력적 종교라고 할 수 있을 것이다.

종교의 과제로서의 구제

우리는 역사적 종교로서의 불교·기독교·이슬람교의 고찰을 통해서 종교의 과제는 구제에 있다고 말할 수 있을 것이다. 실제로 구제를 추구할 수밖에 없는 생의 현실이 현재하는 것은 부정할 수 없다. 그러면 구제란 대체 어떠한 것인가?

인간의 구제는 인간의 전全 존재存在의 구제이다. 즉 인간존재 중 일부의 구제가 아니다. 육체의 구제를 방치한 영혼만의 구제가 아니다. 정토나 천국이라는 것이 아무리 신화적 표상에 가득 찬 것일지라도, 거기서 인간의 전 존재의 구제가 생각되고 있다는 사실은 중요하다.

구제가 인간의 전 존재의 구제라고 하는 사실은 구제가 단지 개인의 구제로 끝나는 것이 아니라, 전 인류의, 아니 인류뿐만이 아니라, 전 우주의 구제이지 않으면 안 된다는 것을 의미할 것이다. 마르크스의 포이에르바하 비판에 있었듯이, 현실적 인간은 추상적·고립적인 개인이 아니라 이미 사회적 존재인 것이다. 다시 말하면, 인간은 유적類的 존재인 것이다. 그리고 유적 존재로서의 인간의 존속은 오늘날에는 자연과의 공생共生 없이는 불가능함이 자각되고 있다. 종교에 있어서의 구제는 전 우주의 구제를 시야에 넣은 것이지 않으면 안 될 것이다.

2. 절대자의 문제

즉비卽非의 논리와 절대자

즉비卽非의 논리는 영성靈性의 논리이지 지성知性의 논리가 아니다. 지성계知性界에 있어서는 성립할 수 없는 논리가 왜 영성계靈性界에서는 성립할 수 있는 것일까? 그것은 지성계는 유적有的 세계이지만, 영성계는 무적無的 세계이기 때문이다. 무적 세계란 절대자의 세계이다. 이 세계에서는 상대자 간의 대립은 소멸한다.

니콜라우스 쿠자누스1)의 '대립의 일치coincidentia oppositorum'

라는 사상이 있다. 이것은 신이라는 절대자·무한자에 있어서 일체의 대립은 지양止揚된다고 하는 것이다. 예를 들면, 반경 무한대의 원에서는 원주와 직선과는 일치한다. 또 삼각형의 한 변을 무한대로 하면 세 변은 한 변이 된다. 쿠자누스는 이 논리를 삼위일체론에 적용했다. 3이면서 1이라는 것은 상대자에 있어서는 성립할 수 없는 것이지만, 절대자인 신에 있어서는 성립할 수 있다는 것이다.

절대자에 있어서는 대립의 일치가 성립될 수 있듯이, 즉비의 논리도 성립할 수 있는 것이다. 대립의 일치도 즉비의 논리도 논리로서는 등가等價이다. 그것은, 즉비의 논리는 니시다西田 철학의 '모순적 자기동일'의 논리와 등가이나, '모순적 자기동일'의 논리가 다름 아닌 대립의 일치의 논리임을 생각하면 분명하다. 즉비의 논리가 성립하는 논리 공간 내지는 장소는 공空으로서의 절대자인 것이다. 절대자가 공空 내지는 무無인가, 그렇지 않으면 유有인가는 하나의 중요한 문제이다. 그러나 어쨌든 절대자에 있어서 즉비의 논리 내지는 대립의 일치가 성립할 수 있는 것이다. 이렇게 해서 즉비의 논리가 성립할 수 있는 근저에는 절대자로서의 공空이 비재非在하는 것이다.

---

1) 니콜라우스 쿠자누스(Nicolaus Cusanus, 1401~1464)는 독일의 신학자, 사상가이자 추기경. 교회의 쇄신과 일치를 위해 노력했다. 공회의(公會議)의 개최 준비를 위해 콘스탄티노플을 방문했을 때, 동방교회의 사상의 영향을 받아 '대립의 일치'의 원리를 발견했다.

사사무애事事無礙의 논리와 절대자

즉비의 논리의 근저에 절대자로서의 공空이 비재하듯이, 사사무애의 논리의 근저에도 절대자로서의 공이 비재하는 것이다. 본래 사사무애의 논리는 즉비의 논리의 한 형태에 다름 아닌 것이다. 다이세쓰大拙는 앞에서(제5장) 기독교에서는 '사사무애법계 같은 관점은 그 그림자조차도 인정할 수 없다'고 말하고 있는데, 확실히 창조세계에서는 인정할 수 없다. 그러나 내재적 삼위일체론에서는 그것이 어떤 의미에서 성립한다고 할 수 있지 않을까?

불교적 종교철학의 과제로서의 절대자의 문제

불교는 서양철학적 의미에서의 유신론도 아니며, 이신론理神論도 아니며, 범신론도 아니며, 만유재신론萬有在神論도 아니며, 무신론도 아니다. 그러면 어떤 의미에서도 신론 내지는 절대자론이 아닌가 하면, 결코 그렇지는 않다. 서양적인 절대자론에 있어서는 종래 절대자라고 하는 것이 유적有的으로 생각되어 왔다. 무신론이라고 하더라도 절대자라고 하는 것을 유적으로 생각하고서 그러한 절대자를 부정하고 있는 데 지나지 않는다. 불교에 있어서의 공은 물론 유가 아니지만, 절대자라는 사실에는 변함없는 것이다. 유럽에서는 절대자라고 하면, 곧 실체나 존재로서 생각되어 왔다. 우리는 이러한 선입관에서 해방되지 않으면 안 된다.

불교에서 절대자는 공이다. 절대무絕對無라고 해도 좋다. 공은 '색즉시공' 또는 '공즉시색'의 공이며, 그 자신으로서는 무규정인 절대자이다. 또 절대무란 유무상대有無相對를 끊은 무이다. 즉 절대자로서의 무이다. 절대자로서의 무란 무규정인 절대자에 다름 아니다. 따라서 사태적事態的으로 절대무는 다름 아닌 공空이다. 전자는 니시다 철학의 용어이고, 후자는 불교의 용어이다. 절대무는 공의 철학적 표현이다. 공은 생명이고, 리얼리티이다.

유적 절대자와 무적 절대자

불교에서의 절대자는 무규정적인 절대자, 즉 무적 절대자이다. 이에 비해서, 기독교 및 이슬람교의 절대자는 우선 유적 절대자라고 해도 괜찮을 것이다. 야훼도 알라도 유일하면서, 창조자이고, 전지전능하며 살아있는 신이다. 다만 여기에서 주의해야 할 것은 이슬람교는 유일신교이지만, 기독교는 엄밀하게 말하면 그렇지는 않다. 기독교의 신은 확실히 유일하기는 하지만, 아버지와 아들과 성령이라는 세 위격을 가지는 것이다. 즉 삼위일체의 신이다. 삼위일체라는 어려운 문제를 안고 있지만, 어쨌든 기독교 및 이슬람교의 신, 곧 절대자는, 불교의 무적 절대자에 대해서, 우선 유적 절대자라고 칭할 수 있을 것이다. 여기서 '우선'이라고 한 것은, 이미 보았듯이 이슬람교의 수피즘의 경우, 절대자 아하드는 절대무이자 절대유이다. 또한, 분명 기독교의 신은 우선은 유적 절대자라고 해도 상관이 없지만, 나중에 보듯이 단순히 그렇게 딱 잘라 말할 수는 없는 것이다. 그것은 기독교의 신이 단순한 유일신이 아니라, 삼일신三─神인 것과 깊이 관련되어 있다. 신이 단순히 유적有的이라면, 그러한 신에게는 삼위일체라는 것은 성립할 수 없을 것이다. 여기서 결론적인 것만을 얘기해 두자면, 기독교의 신은 절대유이자 절대무인 신이다. 대체 절대자는 유적인가, 아니면 무적인가, 또는 무적이자 유적인 것인가, 아니면 유적이자 무적인 것인가?

3. 신앙과 행위의 문제

절대자에 의한 구제

종교가 인간의 절대자관계라는 것은 이 관계를 통해서 인간이 구제된다고 하는 것이다. 절대자관계는 구제를 위한 절대자관계이다. 구제의 필요성이 없으면 절대자관계의 필요성도 없다. 종교의 기원과 목표는 실로 구제에 있는 것이다. 그리고 구제는 절대자에 의한 구제이다. 이는 자력·타력을 가리지 않는다. 어쩌면 의문스럽게 생각될지도 모르겠다. 자력구제는 자기의 힘에 의한 자기구제이니까, 구제자로서의 절대자는 없는 것이 아닌가, 하고. 분명히 이 경우, 절대자가 자기 밖에 타자로서 존재하는 것은 아니다. 그러나 자기에게 절대자가 내재內在하는 것이다. 자기 밖에도 안에도, 절대자가 존재

—비재非在라고 해야만 할지도 모른다—하지 않았다면 구제는 성립할 수 없을 것이다. 우리가 선禪에 있어서 무아無我인 공空을 깨달을 수 있는 것은, 불성佛性으로서의 공空이 우리 안에 비재하기 때문이다. 분명히 선禪에 있어서 우리는 자력으로 공을 각오覺悟해야만 한다. 그러나 절대자로서의 공空이 우리 안에 비재하지 않았다면, 그러한 공을 깨닫기는 불가능할 것이다. 공도 절대자인 것이다. 절대자가 능동적인지 수동적인지의 차이가 있다고는 해도, 구제는 절대자에 의한 구제임에는 변함이 없다고 봐야 할 것이다.

절대자관계와 믿음信

인간의 절대자관계에는 두 가지가 있다. 하나는 인간 쪽에서 절대자와 관계를 맺는 경우이다. 다른 한 가지는 절대자가 인간과 관계를 맺음으로써 인간이 절대자와의 관계에 들어가는 경우이다. 이 경우에 근본적인 것은 절대자의 인간관계이고, 인간의 절대자관계는 절대자의 인간관계에 대한 응답으로서의 관계이다.

자발적인 관계이든 응답적인 관계이든, 대체적으로 인간의 절대자관계는 믿음에 기반을 둔 관계라고 말할 수 있을 것이다. 정토교나 기독교나 이슬람교의 경우에는, 그것을 용이하게 이해할 수 있을 것이다. 이 종교들은 믿음의 종교라고 할 수 있을 것이다. 그러나 일반적으로 깨달음의 종교라고 하는 선종禪宗의 경우에는 믿음은 문제가 되지 않는 것이 아닐까? 깨달음은 믿음과는 무관하지 않을까, 라고 생각될지도 모른다. 그러나 지知의 존재를 믿는信 일 없이, 어떻게 지知를 구할 수 있을 것인가? 지는 믿음에 기반을 두는 것이다.

믿음과 지知

안셀무스[2]의 유명한 말에 '나는 믿는다. 그러니까 안다(Credo ut intelligam)'라는 것이 있다. 안셀무스가 이 말을 통해 말하려고 했던 것은 믿음信이 지知를 추구한다, 지知는 믿음信에 기반을 둔다, 고 하는 것이다. 안셀무스는 이것을 '지성을 추구하는 믿음(fides quaerens intellectum)'이라고도 말하고 있다. 선禪에 있어서는 참된 지知를 구하는 행行의 근저에 참된 지知에 대한 확고부동한 믿음信이 있는 것이다. 이것 없이 행에 투철할 수는 없을 것이다.

---

2) 안셀무스(Anselmus, 1033~1109)는 캔터베리의 대주교. 아우구스티누스와 스콜라철학을 매개하는 위치를 점하고 있으며, 스콜라철학의 아버지라 불린다. 그의 '나는 믿는다. 그러므로 안다'라는 말은 지(智)는 믿음에 기반을 둔다는 주장이다. 또 '지를 추구하는 신앙'이라는 말도 남기고 있다. 지의 출발점에 믿음이 있다, 믿음이 지를 낳는다, 고 하는 것이다. 신(神)의 현존재의 증명에서 가장 중요한 존재론적 증명의 효시는 그에게 있다.

믿음과 행行

　믿음과 지와의 관계 이상으로, 믿음과 행위와의 관계는 밀접하다. 믿음은 지를 추구하고, 지는 믿음에 기반을 둔다고 하는 표현은 적절하지만, 믿음은 행을 추구하고 행은 믿음에 기반을 둔다는 표현은 적절하다고는 할 수 없다. 왜냐하면 믿음과 지는 두 개의 것이기 때문에 하나의 것이다, 라고는 할 수 없지만, 믿음과 행은 불일불이不—不二이기 때문이다. 이미 언급했듯이(p.57 참조), 바울은 '믿음은 사랑으로 역사하는 것'이라고 말하고 있다. 또 믿음과 소망과 사랑의 셋 중에서 '제일'은 사랑이라고 말하고 있다(『고린도전서』13장 13절).

　칸트는 예수의 종교가 신의 '애고愛顧를 구하는 (단순한 제의祭儀의) 종교'가 아니라, '도덕적 종교, 즉 선한 행실의 종교'임을 강조한다. 이 논거로서 그가 즐겨 인용하는 성서의 구절은 산상수훈3) 중에 나오는 예수의 다음과 같은 말씀이다. '나더러 주여 주여 하는 자마다 다 천국에 들어갈 것이 아니요 다만 하늘에 계신 내 아버지의 뜻대로 행하는 자라야 들어가리라'(『마태복음』7장 21절). 이로부터 예수의 종교가 도덕적 종교라고 단정 짓는 것은 다소 억지스런 경향이 있지만, 칸트가 신앙주의에 대하여 행위를 중시한 의의는 간과해서는 안 될 것이다. 예수는 신앙과 행위가 하나가 되지 않으면 안 된다고 말하고 있는 것이다. 행위를 동반하지 않는 신앙은 관념적이며, 또 신앙에 기반을 두지 않는 행위는 율법주의적이다. 관념적인 신앙주의

---

3) 역주_신약성서 마태복음 5~7장에 기록되어 있는 예수의 산상설교, 윤리적 행위에 대한 예수의 가르침이 집약적으로 잘 나타나 있다.

도, 신앙에 기반을 두지 않는 율법주의도, 모두 배척되지 않으면 안 된다. 신앙과 하나가 된 행위는 계명에 기반을 두는 계율이다. 예수의 종교에 있어서 간구干求되는 것은 신앙과 하나가 된 계명이다. 신앙과 계명은 불일불이인 것이다.

이웃사랑의 계명

이미 보았듯이(제3장), 예수는 하나님을 사랑하라고 하는 규정과 이웃을 사랑하라는 규정을 두 가지의 가장 중요한 계명으로 가르쳤다. 두 가지 계명은 불일불이이다. 바울의 '사랑으로 역사하는 믿음'이라는 것도 두 계명의 불일불이성의 다른 표현이다. 신을 사랑하는 것은 다름 아닌 바로 신을 믿는 일이지만, 그것은 이웃사랑으로 드러나는 것이다. 이웃사랑의 원리는 타자로서의 이웃에게 있다. 이웃사랑에 있어서 나의 행위의 원리는 '나'가 아니라 '이웃'에게 있는 것이다. 윤리학의 과제는 '나는 무엇을 해야만 하는가' 하는 것이지만, 이웃사랑의 계명은 무엇을 하든지 간에 나를 위해서가 아니라, 이웃을 위해서 하라고 하는 것이다. 행위의 원리가 자기에 있는 것이 아니라 타자에게 있는 것이다.

우리는 이웃사랑의 윤리학을 피행위자의 윤리학이라 칭할 수 있을 것이다. 종래의 윤리학은 행위자의 윤리학이었다. 거기서는 행위자의 행위의 올바름만이 문제가 되었다. 그러나 이웃사랑의 윤리학에서는 행위자의 행위를 받는 피행위자로서의 이웃의 행복이 문제가 된다. 우리가 하는 행위가 올바르면 그것으로 좋은 것이 아닌 것이다. 그에 의해 타인이 불행해진다면 다시 생각해 봐야만 하는 것이다.

피행위자의 윤리학으로서 이웃사랑의 윤리학에 있어서는 나의 행위의 올바름보다도 이웃의 행복이 원리가 되어야만 한다. 그리고 이 경우의 이웃의 행복은 이웃 그 자신이 생각하는 이웃의 행복이며, 내가 생각하는 이웃의 행복이 아니다. 이 문제에 관해서 칸트는 다음과 같이 말하고 있다.

> 나는, 어떤 사람에 대해서도 나의 행복에 대한 생각에 딱 들어맞게는 친절을 베풀 수가 없다(미성숙한 아이들이나 미치광이들의 경우를 빼고). 오히려 내가 친절을 보이려고 생각하고 있는 당사자의 생각에 따라서 [비로소] 친절을 베풀 수가 있는 것이지, 무리하게 내가 선물을 그 사람에게 떠맡겨 보아도, 실제로는 그에게 친절을 보인 것은 아닌 것이다.
>
> 〈『人倫の形而上学』カント全集 第11巻, 理想社, pp.377-378〉

인류의 구제와 이웃사랑의 계명

구제는 단지 개인의 구제가 아니라, 인류의 구제, 나아가 우주의 구제이지 않으면 안 된다. 우주의 구제 없이 인류의 구제는 없고, 또 인류의 구제 없이 개인의 구제는 없다. 구제는 피조물 전체의 구제이지 않으면 안 된다. 물론 구제는 구제자인 신의 일이다. 그러나 인간이 아무것도 하지 않아도 된다는 것은 아니다. 창조자인 신의 피조물에 대한 구제의 계획에 응답하지 않으면 안 된다. 이웃사랑의 계명은 바로 그러한 것이다.

칸트에 의하면, 인간은 개인으로서 자기의 최고선最高善을 촉진한다고 하는 의무 외에, 인류로서 공동체적 최고선을 촉진한다고 하는 의무가 있다(덧붙여 말하면, 최고선이란 덕德과 행복의 일치이다). 공동체적 최고선은, 개개인이 그 개인적 최고선의 촉진에 전념하고 있으면 저절로 촉진되는 것이 아니다. 공동체적 최고선을 촉진하기 위해서는, 전 인류적인 윤리적 공공체公共體가 건설되지 않으면 안 된다. 이 윤리적 공공체란 신의 명령 하에 있는 '신의 백성'이다. 신의 백성의 주권자는 백성이 아니라 신 자신이다. 따라서 신의 백성의 건설이라는 것은, 인간의 사업이 아니라 신의 사업이라고 하지 않으면 안 된다. 그러나 칸트는 다음과 같이 말한다.

그렇기 때문에 도덕적인 신의 백성을 건설한다고 하는 것은, 그 실시가 인간에게가 아니라, 신 그 자체에게만 기대될 수 있는 일이다. 그러나 그렇다고 해서 인간은 이 일에 관해서 아무것도 하지 않아도 좋은 것이 아니다. 또한 각각의 사람은 단지 자신의 도덕적인 사사私事에만 전념하면 되므로, 인류의 사건 전체는 (그 도덕적 규정에 관해서) 어느 한층 높은 지혜에 위임해두면 된다는 식으로, 섭리에 그냥 맡겨두면 되는 것도 아니다. 인간은 오히려 모든 것이 마치 자신에게 달려있는 것처럼 행동하지 않으면 안 된다. 그리고 그는 이 조건 아래에서만, 한층 높은 지혜가 그의 선의의 노력을 완성해 줄 것이라고 희망해도 좋은 것이다.

〈『単なる理性の限界内における宗教』カント全集 第9卷, p.143〉

이웃사랑의 계명은 도덕적 '사사私事'가 아니라, '인류의 일' 즉 공사公事이다. '인간은 오히려 모든 것이 마치 자신에게 달려있는 것처럼 행동하지 않으면 안 된다'고 말한다. 이웃사랑의 계명으로 사는 것은 공사公事에 참가하는 가장 확실한 단서인 것이다.

제11장

구제의 문제

구제와 그 방법

　구제의 문제는 두 가지로 나누어진다. 하나는 대체 구제란 무엇인가 하는 구제의 본질에 관련된 문제이고, 또 하나는 구제의 방법에 관련된 문제이다. 이미 서술했듯이, 구제는 단지 영혼의 구제뿐 아니라, 육체의 구제를 포함한 전인적全人的인 구제이다. 또 인간은 사회적 존재이기 때문에, 그러한 인간의 전인적인 구제는, 단지 개인적이 아니라, 동시에 전 인류적이지 않으면 안 된다. 게다가 전 인류적 구제는 자연의 구제 없이는 달성되지 않기 때문에, 결국 구제는 전 우주적이지 않으면 안 될 것이다. 그러나 그렇다고 해도 구제란 대체 어떤 것일까?

　다음으로 구제의 방법으로는 타력에 의한 것, 자력에 의한 것, 자력과 타력에 의한 것이라는 세 가지를 생각할 수 있는데, 구제와 그 방법은 서로 관련되어 있다. 기독교와 정토교는 타력구제이다. 이에 비해서 선禪은 철저한 자력구제이다. 또 유대교와 이슬람교는 자력·타력구제이다. 타력구제의 경우에는 철저한 구제를 기대할 수가 있지만, 믿기 어렵다. 이에 비해, 자력구제는 믿기는 어렵지 않지만, 철저한 구제를 기대할 수는 없다. 부분구제로 끝날 수밖에 없다. 이 점은 자력·타력구제의 경우도 마찬가지이다.

1. 구제의 본질

부분구제로서의 의인義認

구제는 고苦로부터의 구제인데, 기독교에서의 고는 죄의 결과이다. 따라서 고로부터의 구제는 고의 원인인 죄로부터의 구제를 의미한다. 의인義認은 죄를 용서받는 것이지만, 그것이 즉시 고로부터의 구제를 의미하지는 않는다. 의인은 영혼만의 구제이며, 아직 부분구제인 것이다. 육체의 구제까지를 포함한 전인적인 구제는 종말에 있어서의 신천신지新天新地의 도래를 기다려 성취된다. 바울은 그것을 다음과 같이 말하고 있다.

> 그뿐 아니라 또한 우리 곧 성령의 처음 익은 열매를 받은 우리까지도 속으로 탄식하여 양자 될 것 곧 우리 몸의 속량을 기다리느니라 우리가 소망으로 구원을 얻었으매 〈『로마서』 8장 23-24절a〉

영혼이 속죄 받을 뿐 아니라, 몸도 속죄 받을 것을 절실히 기다리고 있다는 것이다. 그러나 그것이 이루어지는 것은 최후의 날이다. 이로부터 완전한 구제를 향한 소망이라는 것이 중요해진다.

부분구제로서의 성불成佛

기독교에서의 의인義認이 단지 영혼의 구제인 것과 마찬가지로, 선禪에서의 성불도 단지 영혼의 구제이다. 선의 종의宗義를 나타내는 대표적인 문언으로서, '불립문자不立文字, 교외별전敎外別傳, 직지인심直指人心, 견성성불見性成佛'이라는 것이 있다. '불립문자不立文字'란 경론經論의 문자를 떠나서 오로지 좌선을 한다는 것이다. '교외별전敎外別傳'이란 교설敎說이 아닌 체험에 의해 전해지는 것이야말로 선의 진수라고 하는 것이다. '직지인심直指人心'이란 직접 사람의 마음을 향하는 것, 즉 파악하는 것이다. 그리고 '견성성불見性成佛'이란 자기 내면의 불성佛性을 각오覺悟하는 것이 부처를 이루는 것, 즉 깨달음을 얻는 일이라는 것이다. 깨달음을 얻는다는 것은 영혼의 구제이지, 육체의 구제가 아니다.

구제를 희구하는 피조물의 신음

바울은 상술의 문언 바로 전에, 구제를 희구하는 피조물의 신음을 다음과 같이 전하고 있다.

피조물이 고대하는 바는 하나님의 아들들이 나타나는 것이니 피조물이 허무한 데 굴복하는 것은 자기 뜻이 아니요 오직 굴복하게 하시는 이로 말미암음이라 그 바라는 것은 피조물도 썩어짐의 종노릇 한 데서 해방되어 하나님의 자녀들의 영광의 자유에 이르는 것이니라 피조물이 다 이제까지 함께 탄식하며 함께 고통을 겪고 있는 것을 우리가 아느니라

〈『로마서』8장 19-22절〉

피조물에 대한 이만큼 깊은 공감이 있을까? 바울은 피조물을 대신 해서 그 신음을 전하고 있다. 그는 '심원의 깊이를 가진 에콜로지스트a deep ecologist'이다. 앞의 문언과 함께 읽어보면, 거기에 피조물과의 일체감이 유감없이 나타나 있다. 이만큼 깊은 공생사상이 있을까?

전 우주적 구제의 도래

전全 피조물의 신음은 들렸다. 『요한계시록』은 다음과 같이 말하고 있다.

또 내가 새 하늘과 새 땅을 보니 처음 하늘과 처음 땅이 없어졌고 바다도 다시 있지 않더라 또 내가 보매 거룩한 성 새 예루살렘이 하나님께 로부터 하늘에서 내려오니 그 준비한 것이 신부가 남편을 위하여 단장한 것 같더라 내가 들으니 보좌에서 큰 음성이 나서 이르되 보라 하나님의 장막이 사람들과 함께 있으매 하나님이 그들과 함께 계시리니 그들은 하나님의 백성이 되고 하나님은 친히 그들과 함께 계셔서 모든 눈물을 그 눈에서 닦아 주시니 다시는 사망이 없고 애통하는 것이나 곡하는

것이나 아픈 것이 다시 있지 아니하리니 처음 것들이 다 지나갔음이러
라
〈『요한계시록』 21장 1-4절〉

최후의 날에 새 하늘과 새 땅이 출현한다. 낡은 것은 지나가고, 모두가 새롭게 된다. 피조물의 신음은 사라지고, 새로운 기쁨이 넘친다. '하나님이 그들과 함께 계시리니 그들은 하나님의 백성이 되고'. 이 이상의 지복至福이 있을까? 하나님이 친히 인간의 눈물을 모두 닦아 주신다고 한다. 그리고 '다시는 사망이 없고 애통하는 것이나 곡하는 것이나 아픈 것이 다시 있지 아니하리니'라고 한다. 그야말로 천국이다. 완전한 구제다.

정토의 구제

이 표현은 애매하다. 군이 애매한 표현을 선택한 것이다. 정토교의 근본경전은 상하 2권으로 된 『무량수경無量壽經』이다. 상권은 법장보살法藏菩薩의 본원本願에 의한 정토의 건립을 서술한 것이고, 하권은 그 정토에 왕생해 가는 중생의 모습을 서술한 것이다. 법장보살의 본원은 단지 중생을 구제하고자 하는 본원이다. 이 간절한 본원이 정토를 건립시킨 것이다. 바꾸어 말하면, 정토는 본래 있었던 것이 아니다. 건립된 것이다. 마치 천국이 신천신지新天新地로서 창조되듯이. 『무량수경』의 상권에서 보면, 정토교란 '정토에 의한 중생 구제의 가르침'이고 하권에서 보면 '중생이 정토에 왕생하는 가르침'이

다, 라고 할 수 있을 것이다. 두 가지 가르침 중에서 근본적인 것은 말할 필요도 없이, 첫 번째 '구제의 가르침'이며, 두 번째의 '왕생하는 가르침'은 첫 번째의 '구제의 가르침'에 기반을 두어 가능한 것이다. 정토가 중생을 구제해 주기 때문에, 중생은 정토에 왕생할 수가 있는 것이다. 그렇다면 '정토'란 대체 어떤 곳일까?

세 정토

'정토'란 '청정국토淸淨國土'를 줄인 말이다. 청정국토란 정복淨福에 찬 영원永遠의 세계이다. 현실의 세계는 '예토穢土'라고 불린다. 예토는 범부凡夫, 즉 불도의 도리를 이해하지 못한 자의 세계인데, 정토에서는 우리가 부처와 대면할 수 있다고 말한다. 그러나 '정토'라는 것은 일의적이 아니라, 거기에 세 종류의 것을 생각할 수 있다. '내세정토來世淨土'와 '정불국토淨佛國土'와 '상적광토常寂光土'이다.

내세정토來世淨土는 사후로 가는 세계이다. 차안此岸에 대한 피안彼岸이다. 이러한 세계로서는 아미타불의 서방정토가 잘 알려져 있다. 정불국토淨佛國土란 정화되어 불국토佛國土가 된 현실세계이다. 피안彼岸의 정토가 차안화此岸化된 것이다. 상적광토常寂光土란 신앙에 의해 예토가 예토 그대로 정토가 되는 세계이다. 예토(차안)와 정토(피안)의 상대를 초월한 절대정토이다. 내세정토는 신화적이며, 정불국토는 관념적·이상주의적이며, 상적광토는 실존적·신앙적이다. 내세정토 신앙과 정불국토 신앙의 근저에 있는 세계관은 정토와 예토라는 이원론적 세계관이다. 이에 비해서, 상적광토 신앙은 이원론적 세계관의 통일로서의 절대 일원론적 세계관이다. 상적광토 신앙은 내세정토 신앙의 비非 신화화神話化이며, 정불국토 신앙의 실존화實存化라고 할 수가 있을 것이다.

상적광토는 주체의 신앙에 의해 성립하는 세계이다. 바꾸어 말하면, 신앙이 없으면 성립하지 않는다. 말하자면 주관적 세계이며, 객관적 세계가 아니다. 이에 비해서 신천신지는 직접 우리의 신앙과는 관련이 없는 객관적·보편적 세계이다. 신에 의해서 전혀 새롭게 창조되는 세계이다. 전 인류적 구제 내지는 전 우주적 구제는 객관적·보편적 구제세계의 성립 없이는 생각할 수 없을 것이다. 신천신지는 객관적·보편적 세계로서 완전한 구제세계인 것이다.

구제 신앙의 필연성

신천신지가 완전한 구제세계라고 해도, 우리가 그러한 세계를 믿을 수 있을 것인가? 그야말로 신천신지의 도래는 엄청난 신화가 아닐까? 신천신지는 신에 의한 새로운 창조라고 한다. 그것은 언제의 일인가? 세상의 종말에 신의 아들이 도래하는 때이다. 그러면 그 신의 아들이 도래하는 것은 언제인가? 신의 아들은 말한다.

그러나 그날과 그때는 아무도 모르나니 하늘에 있는 천사들도, 아들도 모르고 아버지만 아시느니라.　〈『마가복음』 13장 32절 및 평행기사〉

신의 아들이 도래한다고 한다. 이 도래는 두 번째 도래이므로, 재림再臨이라고 말하여진다. 십자가 위에서 처형되었으나, 부활한 신의 아들이 다시 도래한다는 것이다. 그 재림과 함께 세계 심판과 신천신지의 창조가 행해진다고 한다. ─대체 누가 이러한 이야기를 믿을 수 있을까? 분명히 예수는 십자가 위에서 처형되었다. 그러나 예수가 부활했다는 것은 신앙의 사항이지, 지각知覺의 사항이 아니다. 재림에 이르러서는 어떤 근거도 없다. 게다가 다시 온다, 꼭 온다, 고 약속하고 가셨지만 아직 오지 않았다. 정말로 오는 것일까? 대저 예수는 정말로 하나님의 아들인 것일까? 신이 사람이 된다고 하는 일이 있을까? 예수는 완전히 하나님이며, 사람이라고 한다. 그런 일이 있을 수 있을까? 의문은 끝이 없다. 이와 같이 신천신지 도래의 문제는 다른 많은 문제와 관련되어 있다.

그러나 신천신지의 창조 없이 전 인류적·전 우주적 구제는 불가능하다. 반복해서 서술해 왔듯이, 구제는 고苦로부터의 구제이다. 고苦는 리얼한 것이다. 리얼한 고苦는 리얼한 구제에 의해서만 구제된다. 몸이 아픈 자는, 특히 신체장애인은 몸이 속죄받기를 빌지 않을 수 없을 것이다. 사회고社會苦 내지는 세계고世界苦를 내 몸으로 여실히 체험하고 있는 자는 인류의 구제를 빌지 않을 수 없을 것이다. 인간의 괴로움뿐 아니라, 자연의 신음과 괴로움을 공감할 수 있는 자는, 전 우주의 구제를 빌지 않을 수 없을 것이다. 이러한 구제를 단순한 신화로 처리해 버리는 것이 가능한 것은, 나의 몸이 실제로 괴롭지 않기 때문이다. 세계고나 우주고를 공감할 수 있고, 그리고 실제로 실감하고 있는 사람이라면 신천신지의 도래를 빌 수밖에 없을 것이다. 구제는 고苦의 비원悲願인 것이다.

구제가 필연적이라는 것은, 구제가 없어서는 안 되는 것이라는 것이다. 고苦가 리얼한 이상, 그러한 고로부터의 구제가 없어서는 안 될 것이다. 만약 구제가 없다고 한다면, 고苦는 절망적인 것이 될 것이다. 괴로워하는 자가 자신의 괴로움을 견딜 수 있다고 한다면, 그것은 그 괴로움에 뭔가 의미를 느낄 수가 있기 때문이다. 바꾸어 말하면, 괴로움으로부터의 구제를 믿을 수가 있기 때문이다. 구제가 고와 불가분이듯이, 고는 구제와 불가분인 것이다. 이 불가분성은 필연성에 다름 아니다.

2. 구제의 방법

타력구제로서의 의인義認의 신앙

의인은 완전구제가 아니라 부분구제이기는 하지만, 그 신앙은 타력적이다. 바울은 '사람이 의롭게 되는 것은 율법의 행위로 말미암음이 아니요 오직 예수 그리스도를 믿음으로 말미암는 줄 알므로 우리도 그리스도 예수를 믿나니'라고 말하고 있다(『갈라디아서』 2장 16절, 동

종의 문언은 바울의 다른 편지에도 있다). '예수 그리스도를 믿음으로'라고 번역된 부분은 원문에 충실하게 번역하면 '예수 그리스도의 믿음으로'이다. 이 '예수 그리스도의 믿음'이라는 것을 어떻게 해석할지는 석의釋義 상 큰 문제이다. 일본어역에서는 '예수 그리스도를 믿음(イエス·キリストへの信仰)'이라고 번역하고 있다. '예수 그리스도를 믿음'이란 예수 그리스도에 대한 우리의 믿음이라는 것이다. 그러나 필자는 '예수 그리스도의 믿음'을 예수 그리스도 자신이 가지신 믿음이라고 해석한다(상세한 것은 졸저 『注解·ガラテヤの信徒への手紙』理想社, 1995와 『無信仰の信仰』ネスコ, 1997 참조). 필자의 해석에 의하면, 우리가 의롭다고 여겨지는 것은 예수 그리스도를 믿는 우리의 믿음에 의한 것이 아니라, 우리의 믿음이 어떻든 상관없이, 예수 그리스도 그 자신의 믿음에 의한 것이다. 예수 그리스도 그 자신의 믿음에 의해서 의롭다고 여겨짐을 믿는 우리들의 믿음은 타력 신앙 외의 그 무엇도 아니다.

그러면 예수 그리스도의 믿음이란 어떠한 것인가에 대해서는 제13장에서 상세히 논하기로 하겠다.

자력구제로서의 견성성불見性成佛

선禪이라는 견성성불의 종교는 의인義認의 신앙과 마찬가지로 부분구제이다. 그러나 의인의 신앙이 타력구제임에 반해, 선이라는 견성성불의 종교는 자력구제이다. 『열반경涅槃經』에는 '일체중생 실유 불성一切衆生 悉有佛性'이라는 말이 나온다. 모든 중생 안에 부처가 될 본성이 있다는 것이다. 그렇기 때문에 누구나가 깨달음을 얻어 부처가 될 수 있다는 것이다. 물론 깨달음을 얻기 위해서는 수행이 필요하다.

삼학三學은 수행이 지향하는 기본적인 덕목이다. 즉 계학戒學, 정학定學, 혜학慧學이다. 계학이란 신구의身口意의 3악3惡을 끊고 선善을 수행하는 것이다. 불교에서는 모든 악업은 신업身業이나 구업口業이나 의업意業 중의 하나라고 생각되고 있다. 신업身業이란 살생殺生, 투도偸盜1), 사음邪淫 등 신체적 행위에 관련되는 것이다. 구업口業이란 망어妄語2), 양설兩舌3), 악구惡口, 기어綺語4) 등 언어표현에 관련되는 것이다. 의업意業이란 탐욕貪慾, 진에瞋恚5), 사견邪見6) 등 심의心意작용에 관련되는 것이다. 이와 같은 계학戒學에 이어지는 정학定學이란 선정禪定을 닦는 것이다. 즉 명상에 의해 심신을 통일하고 안정시키는 것이다. 그리고 혜학慧學이란 번뇌에 농락당하지 않는 지혜를 익히는 것이다. 이와 같이 선禪이란 견성성불見性成佛을 성취하기 위한 일체의 수행인 것이다.

---

1) 역주_불교에서 말하는 십악(十惡)의 하나. 도둑질을 일컬음.

2) 역주_십악(十惡)의 하나. 거짓말을 함.

3) 역주_십악(十惡)의 하나. 양편에 각각 다른 말을 하여 이간질 하는 일.

4) 역주_십악(十惡)의 하나. 진실이 아닌 교묘하게 꾸민 말.

5) 역주_십악(十惡)의 하나. 자기 뜻에 거역하는 자를 미워하고 노여워함.

6) 역주_십악(十惡)의 하나. 인과(因果)의 도리를 무시한 잘못된 생각.

자력·타력구제로서의 율법의인律法義認 및 육신오행六信五行

유대교도 이슬람교도 일단 타력종교적임을 부정할 수 없을 것이다. 그러나 절대적 타력종교는 아니다. 인간 쪽의 노력이 필요한 것이다. 유대교에서는 율법 준수가, 이슬람교에서는 육신오행의 준수가 필요하다. 유대교의 율법에는 윤리적 율법과 제의적 율법이 있다. 윤리적 율법의 기본은 모세의 십계이다. 제의적 율법의 기본이 되는 것은 할례를 받는 것, 안식일을 지키는 것이다. 유대교에서는 제의적 율법이 윤리적 율법에 대해서 우위에 있다. 어쨌든, 유대교에서는 율법을 지킬 때 의롭다 여겨진다. 즉 율법의인이다. 율법의인은 자력적·타력적이다. 사람이 율법을 지키면, 그것을 신이 의롭다 인정하는 것이다. 육신오행에 의한 구제가 자력적·타력적이라는 것은 말할 필요도 없을 것이다.

자유의지 대 노예의지

자력적·타력적 구제는 자력을 조건으로 하는 타력에 의한 구제이다. 무조건의 타력, 즉 절대타력에 의한 구제가 아니다. 서양에서는 근세 초, 자력·타력구제와 절대타력구제와의 사이에 논쟁이 있었다. 에라스무스와 루터 사이의 논쟁이다. 에라스무스가 인간의 의지는 스스로 구제를 향해 갈 수 있는 자유의지라고 말한 데 대해서, 루터는 이를 부정한다. 루터에 의하면, 타죄墮罪 이후의 인간의 의지는 죄의 노예이며, 스스로 구제를 향해 갈 수 없다고 말한다. 에라스무스가 그의『자유의지론』으로 루터를 비판한 다음해, 루터는『노예의지론』을 출판해서 에라스무스를 반박했다. 그 기본적 주장은 '신의 은혜가 결여된 자유의지는 전혀 자유롭지 못하고, 혼자서 자기를 선善으로 향하게 할 수가 없기 때문에, 변함없이 구속되어 있는 죄의 노예이다'라는 것이다. 문제는 신의 은혜와 인간의 의지와의 관계의 문제이다. 에라스무스가 인간의 의지는 자유라고 하는 데 대해서, 루터는 노예의지라고 말하는 것이다. 자유의지의 입장에서는 인간의 구제의 열쇠를 쥐고 있는 것은 인간의 자력이다. 은혜라고 해도, 그 것은 자유의지와 상호 작용하는 데 한해서일 뿐이다. 여기서 주체는 인간의 자유의지이며, 신의 은혜는 객체에 지나지 않는다. 노예의지의 입장에서는 구제는 오직 전적으로 은혜에 의하게 된다.

절대타력의 필연성

바울의 신앙의인론信仰義認論도, 신란親鸞의 악인정기설惡人正機說도, 거기에 보이는 것은 절대타력의 신앙이다. 신앙의인론의 선線은 신천신지에 대한 신앙으로 이어져 간다. 신천신지의 도래는 바로 절대타력의 소산이다. 신앙의인에서 신천신지로 신앙을 전개해야 할 필연성을 명료하게 해 주는 것은 현대사회 특유의 죄를 통해서다.

의인은 죄의 해결이다. 그런데 현대에 그 특유의 죄가 있다. 그것은 일체의 허구성virtuality이다. 우리는 현대에 있어 이미 실재實在에 접할 수 없다. 현대의 정보화 사회란 기호의 체계 이외에 그 무엇도 아니다. 개인도 사회도 국가도 세계도, 기호 이외의 그 무엇도 아니게 되어 버렸다. 거기에서 무엇이 일어나는가? 일체의 공허성vanity이다. 공허성은 자기의식에 나타난 자기와 세계와의 허구성이다. 공허는 불안보다도 더 근본적인 현대의 기분이다. 불안은 현존재의 불안으로서, 실재의식과 관련되어 있다. 그러나 공허는 실재의식과 관련되어 있지 않다. 일체의 실재에 허구의 박막薄膜이 쳐져 버려서, 우리는 실재에 직접 접할 수가 없다. 우리가 접할 수 있는 것은 버추얼 리얼리티이며, 리얼 리얼리티가 아니다. 현대의 문명사회에서 우리는 이제 진정한 자기, 진정한 가족, 진정한 사회, 진정한 국가, 진정한 세계, 진정한 자연을 만나기는 상당히 곤란한 것이다.

확실히 노老·병病·사死는 고苦이다. 이러한 고를 안에 부둥켜안고 있는 생 자체가 苦이다. 생은 위기에 직면해 있다. 그러나 현대의 고는 설령 노老·병病·사死의 고가 없어도 살며시 다가오는 것이다. 그것은 고가 아닌 고이다. 고는 생의 위기이며, 목숨命의 위기인데, 공허란 애당초 그러한 목숨이 없다고 하는 것이다.

현대 특유의 고란, 고 아닌 고인 공허이다. 이 공허야말로 현대의 원죄原罪이다. 현대 종교의 과제는 이러한 공허로부터의 구제이다. 의인義認의 신앙은 현대의 우리를 이 공허의 원죄로부터 해방시키지 않으면 안 된다. 그리고 이 해방은 신천신지의 도래로만이 성취될 것이다. 이제 문명은 몸부림치면 칠수록, 허구를 견고히 하고 공허의 심연에 빠져들어 갈 것이다. 이러한 세계를 탈구축脫構築할 수 있는 자가 있다고 한다면, 그것은 예전에 이 세계를 창조한 절대타자 이외에는 존재하지 않을 것이다. 만일 창조이야기가 단순한 신화였다고 한다면, 현대의 구제도 단지 신화일 수밖에 없고, 종교 등은 허구 중의 허구라고 해야만 할 것이다. 여기에 이르러 우리는 이 어찌할 수 없는 절체절명의 세계의 탈구축을 성취할 수 있는 자를 믿을 것인가 말 것인가가 문제되는 것이다.

제12장
절대자의 문제

1. 절대자의 개념

절대자는 일자一者이다

'절대자'란 '대對'를 '절絶'하는 것이다. 그에 상대하는 것이 없는 것이다. 상대하는 것, 즉 스스로에 대해서 상대자를 갖는 것은 절대자라고는 할 수 없다. 이렇게 절대자란 그에 견줄 자가 없는 일자一者이다. 전통적 형이상학은 이러한 일자를 '근원적 존재자' 또는 '최고 존재자' 또는 '존재자 중의 존재자' 또는 '최고의 실재적 존재자' 또는 '필연적 존재자' 등으로 불러 왔다.

절대자의 개념규정의 패러다임

절대자에는 여러 가지가 있다. 즉 유적有的 절대자 또는 절대유絶對有, 무적無的 절대자 또는 절대무絶對無, 절대무이면서 절대유, 그리고 절대유이면서 절대무 등이다. 이것은 유—무의 패러다임(전형典型)으로 절대자의 개념을 규정하려고 하는 것이다. 이에 비해서, 생—사의 패러다임으로 절대자의 개념을 규정하려고 하는 것이 있다. 파스칼의 '아브라함의 하나님, 이삭의 하나님, 야곱의 하나님. 철학자의 하나님도, 현자의 하나님도 아니라'고 하는 문언文言은 절대자를 생―
사의 패러다임으로 규정하려고 하는 것이다.

유성有性과 무성無性

　절대유의 유성有性 및 절대무의 무성無性은 상대적인 것이 아니라
절대적인 것이다. 즉 무성은 단지 유성의 결여가 아니다. 유성이란
유규정성有規定性이라는 것이며, 무성이란 무규정성無規定性이라는 것
이다. 무규정성은 단지 유규정성의 결여가 아니다. 다시 말하면, 무
규정성은 미未규정성이 아니다. 따라서 유규정성도 또한 필연적인
것이며, 결코 우연적인 것이 아니다. 바꾸어 말하면, 유규정성은 영
원적인 것이다.

　유규정성의 규정은 언어에 의한 규정이다. 그리고 언어에 의해 어
떤 것을 이러이러한 것으로 규정한다는 것은, 그것을 대상으로 해서
규정하는 일이다.

　이렇게 해서 유규정성이란 다름 아닌 언어적·대상적 규정성이
다. 유적有的이라는 것은 언어적·대상적이라는 것이다. 이에 대해
서 단순한 유규정성의 결여가 아닌 바의 무규정성이란, 단지 소극적
으로 언어적 규정성이 아니라는 것이 아니라 적극적으로 비언어적
인, 즉 영성에 의한 비대상적 규정성이다. 이렇게 해서 무규정성이
란 영성적·비대상적 규정성에 다름 아니다. 무적無的이라는 것은
영성적·비대상적이라는 것이다. 여기에 '유적―무적' 또는 '언어

적·대상적―영성적·비대상적'이라는 패러다임이 성립한다.

우리는 일단 철학적 절대자는 유적·언어적 절대자이며, 이에 대해서 종교적 절대자는 무적·영성적 절대자이다, 라고 말할 수 있을 것이다. '철학자의 신'은 유적 절대자이다. 이에 대해서 불교적 공空 및 수피즘의 아하드는 무적 절대자이다.

철학적인 유적 절대자, 즉 절대유는 무無와는 관련을 갖지 않는다. 거기서 절대유는 단지 절대유인 것이다. 그러나 종교적인 무적 절대자, 즉 절대무는 나중에 보겠지만, 동시에 절대유이기도 하다. 그런데 절대무가 절대유가 될 수는 있어도, 절대유가 절대무는 될 수 없는 것일까? 결코 그렇지 않다. 기독교의 삼위일체의 신은 절대유이면서 동시에 절대무인 것이다. 이 문제에 들어가기 전에, 절대자의 개념규정에 관계되는 하나의 패러다임인 '생―사'에 대해 논급해 두겠다.

생 ― 사

파스칼이 '철학자의 신'에 대해서 '아브라함의 하나님'을 대치시켰을 때, 그는 '죽은 신'에 대해 '살아있는 신'을 대치시키려고 했던 것이다. 전통적 형이상학은 절대자를 상술한 바와 같이 여러 가지로 부르고 있지만, 철학자의 신을 표상하는 데 가장 적당한 것은 아리스토텔레스의 '부동不動의 동자動者'라는 개념일 것이다. '부동의 동자'라는 철학자의 신은, 영원의 자기직시自己直視로서 스스로는 부동不動

인 것이다. 바꾸어 말하면, 타자에 대하여 작용하지 않는 것이다. 그러면서 타자의 일체의 것을 스스로를 향해서 움직이게 하는 것이다.

생사生死라고 하는데, 생이란 무엇인가? 또 사란 무엇인가? 생이란 스스로 운동하는 것이며, 사란 이러한 운동의 결여이다. 헤겔이 '실체는 주체이다'라고 했을 때, 진정한 실체는 영원의 정지가 아니라, 스스로 운동하는 것임을 나타내려고 한 것이다. 주지하는 바와 같이, 헤겔은 정신Geist을 이러한 주체로서의 실체라고 생각한 것이다. 단순한 실체로서의 '철학자의 신'은 구제자일 수 없을 것이다. 왜냐하면 우리가 아무리 괴로워해도 손가락 하나 움직이려고 하지 않기 때문이다. 그러면 이러한 '철학자의 신'에 대치되는 '아브라함의 하나님'이란 어떤 신일까?

아브라함의 하나님

'아브라함의 하나님, 이삭의 하나님, 야곱의 하나님'이란, 이 족장들에게 나타난 성서의 하나님이다. 이 신은 확실히 '계시된 하나님Deus revelatus'이지만, 동시에 '숨겨진 하나님Deus absconditus'이다. 두 신은 하나의 신인 것이다. 이에 대해 성찰하기 전에, '아브라함의 하나님' 또는 '성서의 하나님'에 대해서 언급해 두지 않으면 안 된다.

'아브라함의 하나님'이라고 하는데, 대체 아브라함과 아브라함의 하나님과의 관계는 어떠한 것이었을까? 『창세기』에 '아브람이 여호와를 믿으니 여호와께서 이를 그의 의로 여기시고'라고 되어 있다(『창세기』 15장 6절). 아브라함의 하나님이란 아브라함이 믿은 하나님이다. '여호와'는 그 하나님의 이름이다. 아브라함은 하나님의 무엇을 믿은 것일까? 그는 하나님의 약속, 즉 자손과 토지를 준다고 하는 약속을 믿은 것이다. 더구나, 일반적으로는 믿을 수 없는 상황 속에서 믿은 것이다. 바울은 그것을 '아브라함이 바랄 수 없는 중에 바라고 믿었으니'(『로마서』 4장 18절)라고 말하고 있다.

그러면 아브라함이 믿은 하나님이란 어떠한 신인가? 바울에 의하면 아브라함의 하나님은, '죽은 자를 살리시며 없는 것을 있는 것으로 부르시는' 신이다(상게서 4장 17절). 즉 소생시키는 힘이 있는 신인 것이다. 『요한복음』의 예수는 이렇게 말하고 있다. '내 아버지께서 이제까지 일하시니 나도 일한다'(5장 17절). 소생시키는 힘이 있는 신은 일하는 신인 것이다. 성서의 하나님은 일하는 것을 떠나서는 존재하지 않는 것이다. 일하는 것이 신의 본질인 것이다. 아브라함의 하나님, 즉 성서의 하나님에 있어서는 '존재는 일함에 따른다(Esse sequitur operari)'는 것이다. '일함은 존재에 따른다(Operari sequitur esse)'가 아닌 것이다. 요컨대, 아브라함의 하나님, 즉 성서의 신은 한마디로 말하자면 살아있는 인격적인 신인 것이다.

'나타나신 하나님'과 '숨으신 하나님'

일단, '나타나신 하나님'은 계시의 신이고, 유적有的인 신이다. 이에 대해서 '숨으신 하나님'은 계시 이전의 은폐의 신이며, 그런 의미에서는 무적無的인 신이라고 말할 수 있을 것이다. 일반적으로 나타난다고 하는 것은 숨어있는 것이 나타난다고 해석된다. 이 논리로 가면, 나타나신 하나님은 숨으신 하나님이 나타나신다는 것이 된다. 그러나 하나님이 일하는 하나님이라는 것은, 나타나 있는 것이 숨겨져 있는 것보다도 근원적이라는 것을 의미한다. 성서의 신의 존재양식은 은폐에서 계시로의 선線 위에 있는 것이 아니라, 계시에서 은폐로의 선線 위에 있는 것이다. 바꾸어 말하면, 계시에 있어서야 말로 바로 은폐되어 있는 것이다. 숨어 있는 것이 나타나는 것이 아니라, 그야말로 나타남으로 해서 숨어 있는 것이 되는 것이다. 계시의 하나님으로서의 성서의 신은 절대유絶對有이나, 그러나 바로 절대유의 존재방식에 있어서 절대무絶對無인 것이다. 이에 대해서는 나중에 삼위일체론을 고찰할 때 상세히 서술하기로 한다.

2. 무적無的 절대자 또는 절대무

니시다 기타로西田幾多郎의 '장소적 논리와 종교적 세계관'

불교, 특히 선禪을 기반으로 해서 절대무의 철학을 전개한 것은 니시다 기타로西田幾多郎이다. 난해하긴 하지만, 그 절대자관絶對者觀을 성찰하기로 하자.

니시다는 생전의 이 마지막 논문에서 그 절대자관을 다음과 같이
말하고 있다.

절대라고 하면, 말할 것도 없이 대對를 절絶한 것이다. 그러나 단지
대對를 절絶한 것은 아무것도 아니다. 단순한 무無에 지나지 않는다. 아
무것도 창조할 수 없는 신은 무력한 신이다. 신이 아니다. 물론 어떤 의
미에서 대상적對象的으로 있는 것에 대한다고 한다면, 그것은 상대相對
이다. 절대가 아니다. 그러나 또 단순히 대를 절한 것이라고 하는 것도
절대가 아니다. 거기에 절대 그 자체의 자기모순이 있는 것이다. 어떠한
의미에 있어서, 절대가 참 절대인 것인가? 절대는 무無에 대함으로써 참
절대인 것이다. 절대의 무無에 대함으로써 절대의 유有인 것이다. 그리
하여 자기 외에 대상적으로 자기에 대립하는 그 무엇도 없고, 절대무에
대한다는 것은, 자기가 자기모순적으로 자기 자신에 대한다는 것이며,
그것은 모순적 자기동일自己同一이라고 하는 것이어야만 한다. 단순한
무는 자기에 대하는 것도 아니다. 자기에 대하는 것은 자기를 부정하는
것이지 않으면 안 된다. …… 자기 외에 자기를 부정하는 것, 자기에 대
립하는 것이 있는 한, 자기는 절대가 아니다. 절대는 자기 안에 절대적
자기부정을 포함하는 것이지 않으면 안 된다. 그리하여 자기 안에 절대
적 자기부정을 포함한다고 하는 것은, 자기가 절대의 무가 된다고 하는
것이어야 한다. 자기가 절대적 무가 되지 않는 한, 자기를 부정하는 것
이 자기에 대립한다. 자기가 자기 안에 절대적 부정을 포함한다고는 말
하지 않는다. 그렇기 때문에 자기모순적 자기에 대립한다고 하는 것은,
무가 무 자신에 대립한다는 것이다. 참 절대란, 이러한 의미에서, 절대

모순적 자기동일적이지 않으면 안 된다. 우리가 신이라는 것을 논리적으로 표현할 때, 이렇게 말할 수밖에 없다. 신은 절대의 자기부정으로서, 역대응적逆對應的으로 자기 자신을 대하고, 자기 자신 안에 절대적 자기부정을 포함하는 것이기 때문에, 자기 자신에 의해 있는 것이며, 절대의 무이기 때문에 절대의 유인 것이다. 절대의 무이자 유이기 때문에, 불가능한 것이 없고 모르는 것이 없는 전지전능이다.

<「場所的論理と宗教的世界観」西田幾多郎全集 第11卷, 岩波書店, pp.396-398>

'절대의 무無이기 때문에 절대의 유有'

난삽하고 난해하다. 세밀하게 독해하지 않으면 안 된다. '대상적으로 있는 것에 대한다면 한다면, 그것은 상대이다. 절대가 아니다'라고 말한다. 여기서 '그것'이란, 전후의 맥락으로 보아 '절대'를 말하는 것이다. 따라서 여기서 말하고 있는 것은, 절대가 대상적으로 있는 것에 대하는 것이라고 한다면, 그러한 절대는 실은 상대이지, 절대가 아니라는 것이다. 그러면 '참 절대'란 어떠한 것인가? 니시다는 말한다. '절대는 무에 대함으로써 참 절대인 것이다. 절대의 무에 대함으로써 절대의 유인 것이다'라고. 여기는 전반은 그다지 난해하지 않지만, 후반은 극히 난삽하고, 난해하다. 전반에서 말하고 있는 것은 이러한 것이다. 절대는 '단순히 대를 절한 것'이 아니다. 오히려 대하는 것을 갖는 것이다. 그러나 '대상적으로 있는 것'에, 즉 유

有에 대하는 것이라면, 그것은 상대이지 절대가 아니다. 따라서 참 절대는 무에 대하는 것이지 않으면 안 된다는 것이다. 후반에서는 절대는 '절대의 무에 대함으로써 절대의 유인 것이다'라고 말하고 있다. 이곳을 절대의 유에 대해서 그와는 다른 절대의 무가 상대하고 있다고 읽어버린다면 그것은 오해이다. 니시다가 여기서 말하려고 하는 것은 절대가 '절대의 무에 대하는 것', 바로 그것이 절대가 '절대의 유이다'라는 것이다. 절대가 '절대의 무에 대하는 것'과, 절대가 '절대의 유이다'라는 것은, 두 개의 별개의 것이 아니라 동일한 것이라는 것이다.

그러면 절대가 '절대의 무에 대한다'라고 하는 것은 어떠한 것인가? 대체 '무無'란 무엇인가? 니시다는 말한다. '단순한 무無는 자기에 대하는 것도 아니다. 자기에 대하는 것은 자기를 부정하는 것이지 않으면 안 된다'라고. 절대에 대하는 절대의 무無는 절대를 절대적으로 부정하는 것이다. 그리고 이 절대를 절대적으로 부정하는 것은 절대의 밖이 아니라, 절대의 안에 있는 것이다. 왜냐하면 절대는 자기 밖에 대상적으로 자기에게 대립하는 것을 가질 수 없기 때문이다. 따라서 절대 안에 있으며 절대를 절대적으로 부정하는 것은 절대 자신인 것이다. 절대는 절대이지만, 즉 자기동일이지만, 그것은 동일성적 同一性的으로가 아니라 모순적으로인 것이다. 절대는 자기 안에 절대적으로 자기를 부정하는 것을 포함하면서 자기 자신인 것이다. 절대는 절대모순적 자기동일인 것이다.

절대가 '자기 안에' 절대적으로 자기를 부정하는 것, 즉 '절대적 자기부정을 포함한다고 하는 것은, 자기가 절대의 무가 된다는 것이어야 한다'고 말한다. 절대는 절대무인 것이다. 절대가 '절대의 무에 대한다'는 것은, 절대가 자기 안에서 절대의 부정에 대하는 것이며, 그리고 그것은 절대가 '절대의 무가 되는' 것이라고 말하는 것이다. 니시다에 있어서 절대가 절대의 무인 것, 그것이 바로 절대가 절대의 유인 것이다. 절대는 '절대의 무이기 때문에 절대의 유'인 것이다. 절대자로서의 '신은 절대의 자기부정으로서, 역대응적으로 자기 자신을 대하고, 자기 자신 안에 절대적 자기부정을 포함하는 것이기 때문에 자기 자신에 의해 있는 것이며, 절대의 무이기 때문에 절대의 유인 것이다.' 이 '절대의 무이기 때문에 절대의 유'라고 하는 표현은 좀 더 간결하게 '절대의 무이자 유'라고도 표현되어 있다.

니시다의 신관神觀은, 신은 '절대의 무이자 절대의 유', 또는 '절대무, 즉 절대유'라는 것이라고 할 수 있을 것이다.

세계로서의 절대유

니시다에 의하면, 절대무로서의 참 절대유는 '무한히 자기 자신을 한정'함으로써 '무한히 창조적이지 않으면 안 된다'(상게서 p.400). 일—인 절대유는 즉시 자기부정에 의해 다多의 세계가 된다. 즉 절대자는 절대자로서 절대유인 것이 아니라, 세계로서 절대유인 것이다. 니시다의 '절대무, 즉 절대유'란 '절대무, 즉 세계'라는 것이며, 그것은 단적으로 말하면 '공즉시색空即是色'이라는 것이다. 니시다에 있어서 절대유는 절대유로서의 의의는 인정되지 않는 것이다.

3. 유적 절대자 또는 절대유

삼위일체론적 절대유

'부동不動의 동자動者'에서 전형적으로 보이는 철학적 절대유는 죽은 것이다. 또 니시다 철학의 절대자는 결국은 절대무이며, 절대무 즉 절대유라고는 하지만, 절대유의 절대유로서의 의의가 충분히 인정되고 있다고 할 수는 없다. 수피즘의 아하드는 '절대적 일자—者'로서 절대무이다. 와히드는 '통합적 일자—者'로서 절대유라 부를 수도 없지는 않지만, 존재의 레벨에 있어서 아하드와는 구별되기 때문에 진정한 절대유라고는 하기 어렵다. 이들에 대해서, 삼위일체론의 삼위격三位格은 절대유이다. 그러나 삼위일체론에는 논리적 난점이 있다. 그것은 절대가 세 개나 있으면서 더구나 하나라는 것이다. 대체 이것은 어떤 것인가? 절대는 항상 하나가 아닌가? 그런데 절대가 세 개나 있으며, 더구나 그 셋이 하나라고 하는 것은 무슨 말인가?

이에 대해서는 예로부터 여러 가지 명제표현으로 답해져 왔다. 예를 들면, 아우구스티누스는 신은 '하나의 실체, 세 위격(una substantia, tres personae)'이라고 했고, 또 칼 바르트는 '하나의 존재, 세 가지 존재양식(ein Sein, drei Seinsweisen)'이라고 답했다. 전자는 '실체' 개념과 '위격'이라고 하는 개념을 사용하고, 후자는 '존재'개념과 '존재양식'의 개념을 사용해서 어떻게든 합리적으로 표현하려고 노력하고 있다. 그러나 결국 하나인 유有가 셋인 유이다, 또는 셋인

유가 하나인 유이다, 라는 것이다. 그런 것이 이해될 수 있을까? 절대유의 입장에 서는 한, 삼위일체론은 지지하기 어려운 것이 아닐까? 혹은 삼위일체론을 유지하려고 하는 한, 절대자관絕對者觀을 바꾸어야만 하는 것은 아닐까?

존재와 장소

존재일성론에 의하면, 'X가 존재한다'고 하는 것은 '존재가 X이다'라는 것이다. 그런데 '존재가 X이다'라는 것은 어떤 것일까? 그것은 'X가 존재에 있다'고 하는 것이 아닌가. 일반적으로 'X가 존재한다'고 하는 것은 'X가 존재에 있다'고 하는 것이다. 여기서 '존재'란 '장소'이다. 따라서 'X가 존재한다'고 하는 것은 'X가 어느 장소에 있다'고 하는 것이다. 장소로서의 존재는 일의적이 아니라 다의적이다. 예를 들면, 장소로서의 존재가 공간인 경우에 'X가 존재한다'고 하는 것은 'X가 공간에 있다'라는 것이다. 또 그것이 시간인 경우에 'X가 존재한다'고 하는 것은 'X가 시간에 있다'라는 것이다. 존재는 모두 어느 장소에서 존재하는 것이라는 사실은, 존재자의 존재성격이 존재가 그 안에서 존재하는 장소에 의해서 규정되는 것을 의미한다. 예를 들면, 공간에 존재하는 것은 공간적 성격을 가지고, 시간에 존재하는 것은 시간적 성격을 가진다.

삼위일체론과 장소

　삼위격은 각각 절대유이다. 그러나 단순히 절대유라면, 삼위일체라는 것은 거의 사유思惟 불가능하다. 삼위일체라는 것이 성립할 수 있는 것은 각 위격이 단순히 절대유가 아니기 때문인 것이다.

　절대유로서의 각 위격은 어떠한 장소에서 존재하는 것일까? 만약 그 장소가 유적有的이라면 절대유로서 각 위격의 존립의 가능성은 보증되어도, 이들 세 절대유가 하나라는 것은 도저히 있을 수 없는 일일 것이다. 문제의 장소는 무無, 엄밀히 말하면 절대무 이외에는 있을 수 없을 것이다. 절대유로서의 각 위격은 절대무의 장소에 존재하는 것이다. 절대유가 절대무의 장소에 존재한다고 하는 사실은 절대유의 존재성격을 규정할 것이다. 즉 절대무의 장소에 존재하는 절대유는 이제 단순한 절대유가 아니라, 절대유이자 절대무라는 것이 된다. 삼위일체의 신은 절대유이자 절대무인 신이다. 그렇기 때문에 삼위일체라는 것이 가능해지는 것이다. 또 그렇기 때문에 이 신은 바로 계시에 있어서 은폐되어 있는 것이다. 이것은 구체적으로 구약성서에서 사람은 계시의 신을 보면서도 그러나 실제로는 보고 있지 않은 것이다. 바꿔 말하면, 신이 계시에 있어서 그야말로 숨어있는 것이다.

상호상입설相互相入說

　서양 신학사神學史에서 가장 특출한 삼위일체론에 대한 설명은 다마

스코의 요한1)을 중심으로 한 상호상입설(Perichōrēsis, Circumincessio)
일 것이다. 상호상입이란 삼위격이 서로 상대의 안에 산다고 하는 것이다. 즉 아버지는 아들 안에, 아들은 아버지 안에, 또 아버지는 성령 안에, 성령은 아버지 안에, 또한 아들은 성령 안에, 성령은 아들 안에 사는 것이다. 이러한 상호상입이 상당히 명시적으로 씌어있는 것은 『요한복음』에서이다. 우선 아버지와 아들의 상호상입에 대해서 다음과 같이 씌어 있다.

> 내가 아버지 안에 거하고 아버지는 내 안에 계신 것을 네가 믿지 아니하느냐 내가 너희에게 이르는 말은 스스로 하는 것이 아니라 아버지께서 내 안에 계셔서 그의 일을 하시는 것이라
>
> 〈『요한복음』 14장 10절〉

아버지와 아들은 상호상입에 있어서 신비적으로 합일하고, 소융消融하는 일이 없다. 아버지는 여전히 아버지이며, 아들은 여전히 아들인 것이다. 다음으로 아버지와 성령 사이의 상호상입에 대해서 간접적이긴 하지만, 다음과 같이 씌어져 있다.

> 내가 아버지께 구하겠으니 그가 또 다른 보혜사를 너희에게 주사 영

---

1) 다마스코의 요한(Iōánnēs Damaskós, 675경~749)은 정확히 그리스어로 말하면, 다마스코스의 요안네스가 된다. 동방교회의 신학자. 그 상호상입설에서 도출되는 결론은, 각 위격은 유(有)이자 무(無)이다, 라는 것이 될 것이다. 즉 삼위격이 삼위격인 이상, 각 위격은 유(有)이며, 상호상입이 가능한 이상, 무(無)이다. 신은 절대의 유이자, 절대의 무인 것이다.

원토록 너희와 함께 있게 하리니 그는 진리의 영이라

〈상계서 14장 16-17절〉

여기서 '다른 보혜사'의 '다른'이란 '나와는 다른'이라는 의미이다. 『요한복음』 13장 31절부터 17장 마지막까지는 예수의 체포, 재판, 처형을 앞두고 가진 최후의 만찬에서 제자들을 마주하고 하신 '결별유훈訣別遺訓'이다. '보혜사'(파라클레토스 Paraklētos)란 성령을 말한다. 여기서는 아버지와 성령의 상호상입이 직접적인 형태로는 씌어있지 않지만, 다음의 말을 읽으면 아버지와 아들 사이의 상호상입은 그대로 아버지와 성령 사이의 상호상입이라는 것이 이해될 것이다.

내가 갔다가 너희에게로 온다 하는 말을 너희가 들었나니 나를 사랑하였더라면 내가 아버지께로 감을 기뻐하였으리라 아버지는 나보다 크심이라

〈상계서 14장 28절〉

예수는 '너희에게로 온다'고 말하고 있는데, 그것은 상술한 성령으로서 온다는 의미이다. 상술한 부분에서 '나'란 '다른 보혜사'라고 했는데, 여기서는 스스로를 성령과 동일시하고 있다. 이는 무엇을 의미하는 것일까? 아들과 성령은 두 개의 상이한 것이면서, 동시에 하나인 것이다. 아버지와 아들 및 아들과 성령이 이위일체二位一體라는 것은, 아들과 아버지와 성령이 삼위일체라는 것과 완전히 상즉相卽한다. 왜냐하면 아들과 성령이 일체라면, 아버지와 아들의 상호상입은 그대로 아버지와 성령의 상호상입을 의미하기 때문이다.

상호상입설과 절대유이자 절대무

상호상입설은 가장 뛰어난 삼위일체론의 설명이지만, 서양신학은 그러한 상호상입의 가능성의 근거를 규명하고 있지 못하다. 만약 삼위격이 단순한 절대유라면, 상호 대립할 뿐이며, 상호상입 따위는 있을 수 없다. 왜냐하면 절대자는 항상 일―이기 때문이다. 애당초 삼위격의 정립 자체가 불가능하다. 삼위격이 절대유이자 절대무이기 때문에, 삼위격은 각각 독립된 위격이면서, 동시에 상호상입이 가능한 것이다. 그리고 이에 의해 삼위일체가 성립할 수 있는 것이다. 신은 절대유이자 절대무라고 생각함으로써 비로소 상호상입이 이해 가능해지고, 삼위일체론이 납득이 가도록 기초가 마련되는 것이다.

절대유이자 절대무와 구제

종교의 중심문제는 구제의 문제이다. 그리고 구제는 절대자에 의한 구제이다. 이렇게 해서 구제론에 절대자론이 필요해졌다. 우리는 절대자를 절대유이자 절대무로서 파악했다. 즉 절대자는 단순한 절대유도 절대무도 아니며, 또 절대무이자 절대유도 아니라, '절대유이자 절대무'로서 파악했다. 그러나 이러한 절대자의 파악이 중요한 문제인 구제와 어떻게 관련되는 것일까? 만약 우리의 절대자에 대한 파악이 구제와 절실한 관련을 갖지 않는다고 한다면, 그것은 형이상학의 문제로서는 의의가 있어도, 종교의 문제로서는 의의를 갖지 못하고, 따라서 우리로서도 관심을 가질 필요도 없을 것이다. 그러나 우리의 절대자 파악은 구제의 문제와 심각하게 관련되는 것이다.

구제는 전 인류 및 전 우주의 구제이지 않으면 안 된다. 그리고 그것은 신천신지의 도래 이외의 것일 수 없다. 그런데 이 신천신지의 도래란 첫 번째의 낡은 창조를 대신하는 제2의 새로운 창조이다. 곧 재창조이다. 이 구제의 종극終極으로서의 재창조는 이미 시작되었다. 즉 구제의 제 일보는 이미 시작된 것이다. 그러면 그것은 무엇인가? 그것은 현실의 고苦를 죄에 대한 심판으로 받아들이는 것이다. 심판이 즉 구제인 것이다. 이러한 즉비卽非의 논리, 또는 절대모순적 자기동일이 성립할 수 있는 것은, 절대자 자신이 절대유이면서 절대무이기 때문이다. 절대유로서의 절대자는 우리를 절대적으로 부정하지 않을 수 없다. 그러나 이 동일한 절대자는 동시에 절대무이기 때문에 우리를 어디까지나 긍정할 수밖에 없다. 이러한 절대자에게는, 절대부정 즉 절대긍정, 심판 즉 구제인 것이다. 진정한 긍정은 부정 없이 없고, 따라서 진정한 구제는 심판 없이는 없는 것이다. 이러한 부정—긍정의 구조, 또는 심판—구제의 구조는 절대자 자신의 절대유—절대무의 구조에 기반하는 것이다.

제13장
신앙의 문제

이미 서술했듯이, '종교철학'의 세 번째 과제는 '신앙과 행위의 문제'인데, 여기서는 '신앙의 문제'에 한정해서 이야기하도록 하겠다. 행위, 즉 신앙의 행위의 문제는 마지막장에서 서술하기로 하겠다.

1. 호넨法然에 있어서의 믿음信의 확립

믿음의 의의

구제는 절대자에 기반한다. 즉 구제는 절대자에 의한 구제이다. 믿음은 이러한 절대자와의 근원적 관계이다. 정토교는 믿음의 종교이다. 따라서 종교에 있어서 신앙의 문제를 성찰할 때에는 아무래도 정토교를 들지 않을 수 없다.

겐신源信의 『왕생요집往生要集』

일본 정토교는 호넨에 의해 확립되지만, 호넨 이전에 정토교가 없었던 것은 아니다. 헤이안平安 중기의 천태승天台僧 겐신의 『왕생요집』 3권은 일본 정토교 역사상의 금자탑임을 인정해야만 한다. 『왕생요집』은 조직적인 교학서이다. 그 책이 요점으로 하는 바는, '왕생의 업은 염불을 근본으로 행한다'라는 것이다. 단, 이 경우의 염불은

'관상염불觀想念佛'인 것이며, '칭명염불稱名念佛'은 아니다. 전자는 아미타불의 모습을 마음속에 관상觀想하는 것이다. 이에 대해서 후자는 아미타불의 명호名號를 실제로 입으로 내어 외는 것이다. 칭명염불의 등장으로 일본 정토교는 확립되는데, 그것은 호넨의 출현을 기다려야만 했다.

호넨의 회심回心

1175년 43세 때 호넨은 중국 정토교의 대성자 선도善導의 『관무량수경소觀無量壽經疏』에 의해 회심한다. 그간의 사정을 호넨은 다음과 같이 이야기하고 있다.

출가의 뜻이 깊었던 동안, 여러 가지 교법敎法을 믿고, 여러 가지로 수행을 하였다. 보통 불교의 가르침이 많다고 하지만, 어차피 계정혜戒定慧 삼학三學을 넘어가지 않는다. …… 그러할진대 이 내 몸은 계행에 있어서 1계도 지키지 못하고, 선정禪定에 있어서 하나도 이를 얻지 못하였다. 어느 고승이 이르기를, 계율을 지키고 심신을 깨끗이 하지 아니하면 삼매三昧의 경지에 들어가지 못한다고 하였다. 또 범부凡夫의 마음은 물건을 따라서 바뀌기 쉽다. 예컨대 원숭이가 나뭇가지를 옮겨 다니는 것과 같다. 참으로 산란하여 움직이기 쉽고, 한마음으로 진정되기 어렵다. 무루無漏[1]의 바른 지혜는 어찌해야 얻을 수 있단 말인가. 만약 무루의 지검智劍이 없으면 어찌 악업번뇌의 굴레를 끊을 수 있겠는가. 악업

번뇌의 굴레를 끊지 못한다면 어찌 생사속박의 몸으로 해탈을 이룰 수 있겠는가. 슬프도다. 슬프도다. 어찌할꼬. 어찌할꼬. 여기 우리 같은 자들은 이미 계정혜 삼학의 그릇이 아니다. 이 삼학 이외에 내 마음에 상응하는 법문이 있는지, 내 몸이 감당할 수 있는 수행이 있는지, 많은 지자智者에게 묻고 여러 학자에게 물어보았지만, 가르쳐 주는 사람도 없고 보여주는 이도 없었다. 그러는 동안 한탄하고 한탄하며 불경의 세계에 들어가, 슬퍼하고 슬퍼하며 경전을 마주하고 직접 펼쳐보니, 선도화상善導和尚의 『관경소觀經疏』에 '일심으로 오로지 아미타불을 외우고, 언제 어디서나 시간의 길고 짧음에 관계없이 항상 염불을 계속하는 자, 이렇게 염불을 계속하는 것을 정정업正定業이라고 한다. 그러한 자는 반드시 극락정토에 왕생할 수가 있다. 그 이유는 아미타불의 본원에 따르기 때문이다'라는 문구를 보았다. 이후 우리같이 무지한 자들은 오로지 이 문구를 받들고 한결같이 이 도리를 의지하여 한 순간 한 순간 끊임없이 염불을 외우고, 결정왕생決定往生의 업인業因에 대비해야 할 것이다. 단지 선도의 유교遺敎를 믿을 뿐 아니라, 신실하게 부처의 홍서弘誓에 따르며, 아미타불의 본원에 따르기 때문이다順彼佛願故라는 문구를 깊이 영혼에 새기고 마음에 간직해야 한다.

〈「法然上人行状絵図(勅伝)」井川定慶編『法然上人伝全集』p.26〉

---

1) 역주_루(漏)는 '번뇌'의 뜻. 무루는 번뇌가 없음. 또는 그 경지. 반대는 유루(有漏).

호넨의 비통함과 바울의 절망

'슬프도다. 슬프도다. 어찌할꼬. 어찌할꼬. 여기 우리 같은 자들은 이미 계정혜 삼학의 그릇이 아니다'라는 호넨의 비통한 부르짖음은 『로마서』에 토로되어 있는 바울의 깊은 탄식과 공명하는 데가 있다. 그 일부를 인용해 두겠다.

우리가 율법은 신령한 줄 알거니와 나는 육신에 속하여 죄 아래에 팔렸도다 내가 행하는 것을 내가 알지 못하노니 곧 내가 원하는 것은 행하지 아니하고 도리어 미워하는 것을 행함이라 만일 내가 원하지 아니하는 그것을 행하면 내가 이로써 율법이 선한 것을 시인하노니 이제는 그것을 행하는 자가 내가 아니요 내 속에 거하는 죄니라 내 속 곧 내 육신에 선한 것이 거하지 아니하는 줄을 아노니 원함은 내게 있으나 선을 행하는 것은 없노라 내가 원하는 바 선은 행하지 아니하고 도리어 원하지 아니하는 바 악을 행하는도다 만일 내가 원하지 아니하는 그것을 하면 이를 행하는 자는 내가 아니요 내 속에 거하는 죄니라 그러므로 내가 한 법을 깨달았노니 곧 선을 행하기 원하는 나에게 악이 함께 있는 것이로다 내 속사람으로는 하나님의 법을 즐거워하되 내 지체 속에서 한 다른 법이 내 마음의 법과 싸워 내 지체 속에 있는 죄의 법으로 나를 사로잡는 것을 보는도다 오호라 나는 곤고한 사람이로다 이 사망의 몸에서 누가 나를 건져내랴 〈『로마서』 7장 14-24절〉

나는 내가 원하는 바 선은 행하지 아니하고, 반대로 원하지 않는

악을 행하고 만다. 나는 내 안에 있는 죄의 법칙에 사로잡혀 있다. 아, 나는 얼마나 곤고한 사람인가.―이 바울의 절망에 호넨의 비통함이 공명하고 있다. 바울은 예수 그리스도에 의하여 이 절망에서 구원받고, 호넨은 선도善導를 통해서 전수염불專修念佛로 회심한다.

믿음의 확립

'단지 선도의 유교遺敎를 믿을 뿐 아니라, 신실하게 부처의 홍서弘誓에 따르며, 아미타불의 본원에 따르기 때문이다順彼佛願故라는 문구를 깊이 영혼에 새기고 마음에 간직해야 한다.'고 말한다. '순피불원고順彼佛願故', 즉 '그 본원에 따르기 때문'이라고 말한다. 그 불원佛願이란 아미타불의 본원, 특히 제18원을 말한다. 정토교의 근본경전인 『무량수경無量壽經』의 상권에 아미타불의 본원이 씌어 있다. 제18원은 다음과 같은 것이다.

만약 내가 부처가 될 때, 세상에 생을 받은 모든 사람이 누구라도 진심으로至心 믿고, 기뻐하고信樂, 나의 나라에 태어나고자 바라고欲生, 내지는 불과 10번만이라도 염불十念한다면, 정토에 맞이하여 구원할 수 있게 되기를 바란다. 만약 그것으로 태어날 수가 없다면 나는 부처가 되지 않을 것이다. 단, 오역五逆의 죄를 범한 자와 부처의 가르침을 비방하는 자는 구원의 대상에서 제외한다.

〈石田瑞麿訳『教行信証』日本の名著6『親鸞』中央公論社, p.238〉

호넨은 '우리 같은 자들은 이미 계정혜 삼학의 그릇이 아니다'라는 자기부정의 자각을 통해서 아미타불의 본원을 만나게 된다. 즉 아미타불에 대한 믿음을 확립하는 것이다. 절대자에 대한 믿음은 절대적 자기부정을 통해서 성립한다. 요컨대, 믿음이란 절대적 자기부정, 즉 절대적 설대자 긍정인 것이다.

2. 신란親鸞에 있어서의 믿음의 전환

은혜로서의 믿음

호넨은 제18원을 원願 중의 원願이라는 의미에서 '왕본원王本願'또는 '염불왕생의 원'이라고 불렀는데, 신란은 다시금 '지심신락至心信樂의 원'이라고 불렀다. 지심신락이란 진심으로 아미타불의 본원을 믿고 왕생을 기뻐한다는 것, 즉 신심信心을 말한다. 따라서 지심신락의 원이란 '모든 사람이 신심을 갖도록'이라는 아미타불의 본원이다. 바꾸어 말하면, 사람의 신심은 아미타불의 본원의 선물인 것이다. 이것을 신란은 『무량수경』에 의거하여 다음과 같이 말하고 있다.

'모든 사람이 아미타불의 이름을 듣고 신심을 일으켜서 기쁨에 넘쳐서, 내지는 오직 일념—念이라도 할 때는, 그것은 아미타불이 진심에서 그러한 은혜를 주신 것이다. 그러므로 그 정토에 태어나고 싶다고 빌 때에는 즉시 태어날 것이 정해져, 불퇴의 위치로 가게 될 것이다. 단, 오역五逆의 죄를 범한 자와 부처의 가르침을 비방하는 자는 구원의 대상에서 제외한다.'

　　　　　　　　　　　　　　　　　　〈『敎行信証』 상게서 p.238〉

　'신심은 아미타불로부터의 은혜'라고 하는 사상은 『탄이초歎異抄』에서도 명확하게 설명되어 있다. 제1장의 모두冒頭에서 다음과 같이 말하고 있다.

　　'아미타불의 서원의 불가사의한 힘이 도와주어서 정토에 태어날 수 있다고 믿고, 그리하여 염불을 외우고자 하는 결심이 섰을 때, 그때 이미 아미타불은 구원으로 감싸주실 은혜를 부여하고 계신 것이다…….'

　　　　　　　　　　　　　　　　　　〈『歎異抄』 상게서 p.81〉

　신심은 자력에 의한 것이 아니라, 아미타불의 힘 덕분인 것이다. 신심뿐 아니라 신심에 기초하는 염불도 아미타불의 이끄심에 의한 것이다. 제6장에서는 다음과 같이 말하고 있다.

　　'…… 신란親鸞은 제자는 한 명도 두지 않는다. 그 이유는 자신의 재량으로 남을 가르쳐서 염불을 외우게 하는 것이라면, 그때야말로 제자라고 할 수 있겠지만, 아미타불께서 직접 인도하시어 염불을 외우고 있

는 사람을 자신의 제자라고 하는 것은 참으로 터무니없는 일이기 때문
이다…….'   〈『歎異抄』 상게서 p.84〉

   염불은 신심과 마찬가지로 자력에 의하는 것이 아니라, 아미타불
의 이끄심에 의하는 것이다.

호넨의 자력의 믿음과 신란의 타력의 믿음

   정토교는 모두 아미타불의 본원에 의지해 빈다고 하는 점에서는
타력 신앙이다. 그러나 이 타력 신앙이 어떻게 해서 성립하는가 하는
점을 둘러싸고 서로 나뉜다. 호넨의 경우에는 타력 신앙에 있어서 본
다면 그 신앙은 자력이다. 타력 안에 자력의 잔재가 남아있는 것이
다. 따라서 그때의 타력은 절대타력이 아니라, 상대타력이라고 하지
않으면 안 된다. 이에 비해서, 신란의 경우에는 신앙 그 자체가 아미
타불의 은혜의 선물이기 때문에, 그 타력 신앙은 절대타력 신앙이라
고 할 수 있을 것이다. 신란에 있어서 호넨의 상대적 타력 신앙은 절
대적 타력 신앙으로 전환되는 것이다.

유적有的 절대타력 신앙의 한계

신란의 절대타력 신앙에도 간과할 수 없는 한계가 있음을 우리는 지적하지 않으면 안 된다. 즉 신란에 있어서 그 절대타력은 유적有的인 것이다. 바꾸어 말하면, 신심이라는 것이 불가결한 것으로 간주되고 있는 것이다. 『탄이초』에서는 다음과 같이 말하고 있다.

아미타불의 본원에는 노인과 젊은이, 선인과 악인이라는 구별은 있으시지 아니하다. 본원은 오로지 신심만을, 구원을 받기 위한 요점으로 하고 있음을 알아야만 한다. 그 까닭은 깊고 무거운 죄와 심한 번뇌로 괴로워하는 사람들을 구원하기 위해 세우신 서원이기 때문이다.

〈『歎異抄』 상게서 p.81〉

'본원은 오로지 신심만을, 구원을 받기 위한 요점으로 하고 있다'고 말한다. 본원에 의하면 구원을 받기 위해서는 신심이 필요한 것이다. 신심이 없으면 구원받지 못하는 것이다. 따라서 구원 받기 위해서는 신심이 있는가 없는가 하는 것이 큰 문제이다. 실제로 신란에 의하면, 본원에 유래하는 신심은 '금강불괴金剛不壞의 신심'이다. 이는 본원 자체가 금강불괴의 본원임을 의미한다. 신란에 있어서 본원도 신심도 철저하게 유적으로 생각되고 있는 것이다.

이는 신앙의인信仰義認을 강조하는 루터의 경우와 상통한다. 신란에 있어서 신심이 자력의 신심이 아니라 아미타불로부터의 선물인 것처럼, 루터의 경우에도 신앙은 자신의 신앙이 아니라 신으로부터

받는 은혜로서의 신앙이다. 그러나 그럼에도 불구하고 그 신앙이 유적인 것과 같이, 신란에 있어서도, 신심은 유적이다. 바꾸어 말하면, 신심이 없으면 아무것도 되지 않는 것이다.

3. 잇펜一遍에 있어서의 변증법적 절대타력 신앙

'신信·불신不信을 불문하고'

잇펜의 신앙은 어떤 의미에서 신란의 신앙을 한 발짝 앞서가고 있다고 할 수 있을지도 모른다. 왜냐하면 잇펜의 신앙에 있어서 무無의 계기가 나오기 때문이다. 그 어록에 다음과 같은 것이 있다.

> 또한 말씀하시길, 세상 사람들이 생각컨대, '자력·타력을 분별하여 자신의 몸을 가지고 타력에 의지하여 왕생을 해야 한다'고 한다. 이는 그렇지 아니하다. 자력·타력은 첫 단계의 일이다. 자타의 경지를 버리고 오로지 일념, 부처가 되는 것을 타력이라 일컫는 것이다. 구마노 곤겐熊野権現이 '신信·불신不信을 불문하고, 유죄·무죄를 논하지 않고, 나무아미타불南無阿彌陀佛이 왕생하느니라'고 시현示現하셔서서 말씀하신 이래, 법사法師는 깨닫고 자력의 아집을 버렸다고 한다. 이는 불변의 말씀인 것이다.
>
> 〈『一遍上人語録』岩波文庫, p.83〉

여기서는 '신信'과 '불신不信', '유죄'와 '무죄'와의 대립은 아직 상대적이다. 즉 불신이란 신의 결여이며, 무죄란 죄의 결여이다. '나무아미타불'은 이 상대적 모순들을 변증법적으로 통일하는 것이다.

신란과 잇펜의 '나무아미타불'

신란에서도, 잇펜에서도 '나무아미타불'은 절대유의 신심이다. 신란의 용어로 말하면, '금강불괴의 신심'이다. 그러나 신란에 있어서 나무아미타불은 동일성적同—性的인 절대유이지만, 잇펜에 있어서는 변증법적인 절대유이다, 라고 할 수가 있을 것이다. 즉 신란에서는 나무아미타불은 불신不信을 그 내적 구조계기로 포함하고 있지 않지만, 잇펜에서는 그것을 포함하고 있다고 말할 수 있을 것이다.

잇펜의 나무아미타불로서의 변증법적 절대유는 '신信·불신不信'의 지양으로서의 변증법적 절대유이다. 바꾸어 말하면, 그것은 상대변증법적인 절대유인 바, 절대변증법적인 절대유가 아니라는 것이다. 상대변증법적인 절대유는 신信과 불신不信이라는 상대모순의 변증법적 통일로서의 절대유이다. 이에 대해서 절대변증법적인 절대유란, 절대무와의 절대모순에 있어서의 통일이다. 절대변증법적인 절대유로서의 나무아미타불이란 나무아미타불 자체가 그 절대부정에 매개되어 있는 것이다. 금강불괴의 신심은 신信·불신不信을 뛰어넘은 절대의 무신심無信心에 매개되어 비로소 진정으로 금강불괴의 신심이 될 수 있는 것이다. 신란의 금강불괴의 신심은 아직 동일성적인 바 변증법적이 아니다. 신란의 절대유의 사상과 잇펜의 변증법의 사상이 결합되어서 절대변증법적 절대유가 성립하지 않으면 안 된다. 금강불괴의 신信은 절대의 무에 있어서 성립하는 것이어야만 한다. 그러한 신信은 무신無信의 신信이라고 부를 수 있을 것이다.

4. 무신無信의 신信

믿음이란 무엇인가

잇펜은 '자신의 마음을 버리고 오로지 염불에 의해서 왕생한다고 터득하면, 이윽고 결정의 믿음은 생기는 것이다. 이를 결정신決定信이 선다고 한다'고 말하고 있다(一遍『播州法語集』상게서 p.154). 결정신은 '서는' 것이며, '생기는' 것이다. 그러나 자연히 서는 것도 생기는 것도 아니다. 아미타불의 명호名號를 외울 때 서고, 생기는 것이다. 바꾸어 말하면, 아미타불이 믿음을 서게 하고, 생기게 하는 것이다. 믿음은 사람이 가지는 것이 아니라 주어지는 것이다. 그리고 믿음이 주어진다는 것은 아미타불의 본원이, 아니 본원의 주체인 아미타불 자신이 그 사람과 함께 있는 것이다. 일반적으로 말하면 인간이 가지는 믿음이란 인간이 절대자와 함께 있다고 하는 의식이다. 이 의식은 결코 대상의식對象意識이 아니다.

피히테는 그의 종교론을 다음과 같이 말하고 있다.

종교의 본질은 통속의 사고방식이 그러하듯이, 믿는다는 것에 있지 아니하다……. 그렇지 않고, 타인의 인격에 의해서가 아니라 자기 자신의 인격에 의해서, 또 타인의 눈을 통해서가 아니라 자기 자신의 정신의 눈으로 신을 직접 보고, 가지고, 소유하는 데 있는 것이다.[2]

피히테에 의하면, 종교의 본질은 믿는다고 하는 데 있는 것이 아니라 스스로 신을 보고, 가지고, 소유하는 데 있다는 것이다. 이는 바꾸어 말하면, 신앙이라는 것은 신을 대상적으로 믿는 것이 아니라, 신을 실제로 가지고 있는 것이며, 실제로 소유하는 것이라는 말이다. 여기서는 신앙에 대하여 깊이 이야기되고 있다고 할 수 있을 것이다. 그러나 엄밀하게는 신란이 명확하게 말하고 있듯이, 신심은 아미타불의 본원에 의해서 불러일으켜지는 것처럼, 인간은 신에 의해 소유됨으로써 신을 가지고 소유한다, 라고 해야 한다. 그러나 어찌됐든 신앙이란 우리가 신을 대상적으로 믿는 의식을 말하는 것이 아니다. 우리가 실제로 이 몸으로 신을 가지고 있는 것이다. 믿음이란 절대자가 우리와 함께 있다고 하는 사실이며, 그럼으로 해서 또 우리가 절대자와 함께 있다는 사실이다.

---

2) J. G. Fichte, *Die Anweisung zum seligen Leben, oder auch die Religionslehre*. Johann Gottlieb Fichte's sämmtliche Werke. Herausgegeben von J. H. Fichte. Bd. 5, S. 418.

무신無信이란 무엇인가

'믿음信'이 절대자가 우리와 함께 있다고 하는 사실이며, 그럼으로 해서 또 우리가 절대자와 함께 있다는 사실인 것처럼, '무신無信'이 란 절대자가 우리와 함께 없다고 하는 사실이며, 따라서 또 우리가 절대자와 함께 없다고 하는 사실이다. 신信도 무신無信도 인간에 있 어 근원적 사실인 것이다. 무신無信은 불신不信과는 구별된다. (상술 한)'신信·불신不信을 불문하고'의 불신不信은 신信에 대응하는 것이 며, 또 신信은 불신不信에 대응하는 것이다. 양자는 함께 상대적이다. 바꾸어 말하면, 불신은 단지 믿음의 결여임에 다름 아니고, 믿음은 우연히 불신을 벗어나고 있을 뿐이며, 항상 불신으로 떨어지는 성향 을 가지는 것이다.

신信과 불신不信은 상대모순이지만, 신信과 무신無信 사이의 모순은 절대의 신信과 절대의 무신無信 사이의 절대모순이다. 절대모순을 통 일할 수 있는 제3자라는 것은 없다. 그야말로 제3자가 없기 때문에 절대모순이라고 불리는 것이다.

무신無信의 신信의 가능성

'무신無信의 신信'이란 무신에 매개된, 즉 무신에 있어서 성립할 수 있는 신이다. 진정으로 금강무괴의 신심은 인간의 근원적 무신심無信 心에 매개되지 않으면 안 된다. 또는 근원적 무신앙에 있어서 성립하는 것이어야만 한다.

여기서 불교 내부의 아포리아aporia(논리적 난점)가 생기는 것을 인정하지 않으면 안 될 것이다. 즉 불성佛性의 내재를 전제하는 선禪은 인간의 근원적 무신성無信性을 인정할 수 없을 것이다. 그러나 이를 인정하지 않으면, 정토교의 타력 신앙은 진정한 타력 신앙이 될 수 없을 것이다. 또 정토교가 불성의 내재를 인정한다면, 본원이라고 해도 그것은 내재하지만 잠자고 있는 불성을 각성하게 하는 동기에 지나지 않는 것이 될 것이다.

어쨌든 진정한 금강불괴의 믿음은 근원적 무신성을 전제로 하지 않으면 안 된다. 근원적 무신성이란 인간존재의 우유성偶有性이 아니라 필연성이다. 즉 존재론적 규정이다. 우리는 우연히 믿음을 갖기도 하고 안 갖기도 하지만, 근원적으로는 믿음이 없는 것이다. 즉 절대자가 우리와 함께 없는 것이다. 따라서 또한 우리는 절대자와 함께 없는 것이다. 이러한 무신성은 본래 관계 내 존재인 인간존재의 퇴락태頹落態이다.

믿음 없는 우리에게 어떻게 믿음이 생겨날 수가 있을까? 절대의 무신無信과 절대의 믿음의 통일은 가능한 것일까? 어떻게 해서 가능할 것인가? 논리적으로는 통일은 즉비의 논리 또는 절대모순적 자기동일의 논리에 의해 가능해져야만 하는 것이지만, 이 가능성이 단순히 논리적 가능성으로 끝나지 않고, 어떻게 해서 실재성을 획득할 수 있을 것인가? 바꾸어 말하면, 무신無信의 신信의 실재적 가능성의 실재적 근거는 있는 것일까? 있다! 그것은 예수의 십자가 위의 죽음이다.

예수의 죽음

4복음서는 모두 예수가 십자가형에 처해진 사실을 전하고 있다. 이 중에서 『마가복음』과 『마태복음』은 예수가 십자가 위에서 마지막으로, '나의 하나님, 나의 하나님, 어찌하여 나를 버리셨나이까'라고 절규하고 숨을 거두었다고 전하고 있다. 예수의 처형을 지켜보고 있던 로마군의 백부장3)은 절규를 듣고, '이 사람은 진실로 하나님의 아들이었도다'라고 말했다고 한다(『마가복음』 15장 39절). 백부장의 술회는 백부장의 신앙의 고백이다. 그러나 이 신앙고백은 일반적인 의미에서의 신앙고백이 아니다. 예수의 절규에 압도된 것이다.

예수의 절규는 예수의 믿음이다. 예수는 하나님에게 버림받고, 하나님이 없는 곳에서, 즉 무신無神의 한가운데에서 '나의 하나님, 나의 하나님'이라고 외치고, 신과의 공재共在에, 즉 믿음에 정착한 것이다. 예수는 신神 없이, 즉 무신無神의 한가운데서 신神과 함께 있었던 것이다. 즉 믿음을 가진 것이다. 『마가복음』이 전하듯이 예수의 절규가 사실이라면, 예수의 무신無信의 신신은 사실이다. 신信이 사실이고 무신無信이 사실인 것처럼, 무신無信의 신신도 사실인 것이다. 예수는 신神 없이 신神과 함께 있었던 것이다. 예수는 무신無信의 신신으로 살고, 또한 죽은 것이다.

예수의 무신앙의 신앙4)은 소위 신앙의 사항이 아니다. 그러나 사

---

3) 역주_로마 군대의 100명으로 조직된 단위 부대의 우두머리.

4) 세키네 마사오(関根正雄, 1912~2000)의 십자가의 예수의 신앙의 파악. 예수는 십자가 위에서 '엘리 엘리 라마 사박다니(나의 하나님, 나의 하나님, 어찌하여 나를 버리셨나이까)'라고

실의 사항이다. 예수의 절규의 말이 사실인 한, 무신앙의 신앙은 사실이다. 신神 없는 자, 신앙 없는 자에게 한없이 위로를 주는 근원적 사실이다. 우리에게 요구되는 것이 있다고 한다면, 백부장처럼 절규를 심각하게 듣는 일 뿐이다.5)

절규하고 숨을 거두었다. 그 자초지종을 지켜보고 있던 로마의 백부장은 이 절규의 죽음을 보고, '이는 진실로 하나님의 아들이었도다'라고 말했다. 예수는 자기를 버리는 신을 향하여, '나의 하나님, 나의 하나님'이라고 외친 것이다.

5) 量義治『無信仰の信仰』(ネスコ, 1997)을 참조.

제14장

종교에 있어서의 진리의 문제

1. 진리의 의미

분석판단과 종합판단

칸트에 의하면 모든 판단은 분석판단과 종합판단으로 나뉜다. 전자는 주어개념 속에 술어개념이 포함되어 있는 판단이다. 이에 비해서 후자는 주어개념 속에 술어개념이 포함되어 있지 않은 판단이다. 예를 들면, '물체는 연장延長이다(확대를 가진다)'고 하는 판단은 분석판단이며, 이에 대해서 '물체는 무게를 가지고 있다'고 하는 판단은 종합판단이다. 분석판단에서의 주어는 단순한 개념을 표시하는 것임에 비해서, 종합판단의 주어는 실재를 표시하는 것이다. 바꾸어 말하면, 분석판단은 단순한 논리적 판단임에 반해서, 종합판단은 실재적 판단이다.

무모순성無矛盾性과 인식과 대상과의 일치

분석판단에서 진리의 의미는 무모순성이다. 이에 반해서, 종합판단에서 진리의 의미는 인식과 대상과의 일치라는 것이다. 무모순성이라는 것은 분석판단에서처럼 진리의 필요이자 충분한 조건은 아니지만, 종합판단에서도 필요조건이기는 하다. 어떠한 판단도 모순율을 범해서는 안 되는 것이다. '물체는 연장이다'라는 판단은 '물체'

개념의 정의이기 때문에 애초부터 모순으로부터는 해방되어 있다. '진리'라는 것은 전통적으로 인식, 즉 대상의 인식에 대해서 이야기 되어져 왔다. '진리란 인식과 대상의 일치'라고 하는 말은 진리의 정의, 즉 진리의 의미인 것이다.

진리의 의미와 기준

진리론에서 중요한 문제는 진리의 기준의 문제이다. 진리의 의미는 인식과 대상과의 일치라는 것인데, 그 일치라는 것이 어떠한 근거내지는 기준에 의해 주장될 수 있는가 하는 문제이다. '물체는 무게를 가진다'라는 인식의 진리의 의미는, 이 인식이 말하고 있듯이, 실제로 실재로서의 물체가 무게를 가지고 있다는 것이다. 즉 이 인식이 실제로 대상과 일치하고 있다는 것이다. 그러나 중요한 것은 이 일치의 근거 또는 기준이다. 즉 어떠한 근거 또는 기준에 의해서 그렇게 말할 수 있는가 하는 것이다. 이 경우에는 실제로 물체를 들어보든가, 저울에 달아보든가 해서 그것이 확인될 수 있을 것이다.

'물체는 무게를 가진다'라는 식의 단순한 경험판단의 경우뿐만 아니라, 과학의 가설과 같은 경험판단의 경우에도 검증의 방법은 있다. 하지만 '신은 존재한다'와 같은 형이상학적 판단의 경우에는 검증의 방법이 있는가 없는가 하는 문제는 큰 문제이다. 논리실증주의Logical Positivism에 의하면, 명제의 의미란 검증의 방법을 말하는데, 검증의 방법이 있는 명제, 즉 유의미한 명제는 논리적 명제와 경험명제뿐이라는 것이다. 바꾸어 말하면, 형이상학적 명제는 검증의 방법이 없기 때문에 무의미하다는 것이다.

인식론적 진리와 존재론적 진리

인식과 대상과의 일치라는 것은 인식론적 의미에서의 진리관이다. 이에 비해서 존재론적 의미의 진리관이라는 것이 있다. '진리'라는 것은 그리스어로 알레테이아alētheia라고 하는데, 그 어의는 덮개가 제거되어 있는 것, 드러나 있는 것이라는 뜻이다. 하이데거는 이를 비비장성非秘藏性, Unverborgenheit이라고 말한다. 대상의 인식이 가능하기 위해서는 대상이 우리에게 숨겨져 있지 않고, 드러나야만 한다. 다시 말하면, 존재가 진리의 상태에 있어야 비로소 대상의 인식이 가능해지는 것이다. 따라서 인식론적 진리의 가능성의 전제로 존재론적 진리가 성립하지 않으면 안 된다는 말이 된다.

종교적 진리

존재론적 및 인식론적 진리를 간결하게 철학적 진리라 칭해도 좋을 것이다. 철학적 진리는 객체적이지만, 종교적 진리는 단순히 객체적인 것이 아니고, 무엇보다도 주체적이다. 종교의 중심문제는 이미 기술했듯이, 구제의 문제인데, 구제는 특히 주체의 구제이다. 예수는

'나는 길이요, 진리요, 생명이다'라고 말하고 있는데, 거기서 '길'이란 진리의 길이며, 진리란 생명인 것이다. 진리의 길이라는 것은 양의적兩義的이다. 왜냐하면 한편으로 그것은 진리에 이르는 길을 의미하지만, 다른 한편으로는 길 자체가 진리인 것이다. 따라서 길을 걷는 것 자체가 이미 생명을 얻는 것이 되는 것이다. 어쨌든 구제에 있어서의 진리와 생명은 하나로 불가분이다.

2. 제 종교와 진리의 문제

진리의 원천

각 종교는 나야말로 진리라고 주장한다. 그리하여 여러 진리가 현출現出하게 된다. 그들 중에는 서로 양립할 수 없는 것도 있다. 여러 진리가 현출하는 것은 서로 원천이 다르기 때문이다. 동일한 원천으로부터 상이한 진리가 현출하는 것이 아니라, 상이한 원천으로부터 상이한 진리가 현출하는 것이다. 존 히크는 이에 대해서 다음과 같이 말한다.

어떤 종교도 성조聖祖나 성전聖典, 혹은 그 양자—베다, 토라, 붓다, 그리스도, 성서, 코란—를 가지고 있으며, 그 안에 신적神的 실재는 계시되어 있다고 주장한다. 또 어떤 종교든지 성스러운 것이 계시되어 있는 바에서는 절대적인 신앙의 응답과 예배가 요구된다고 주장하고, 그렇기 때문에 그것 이외에 주장되는 성스런 것의 개시開示에 대해서, 똑같은 응답을 보이는 것은 서로 받아들일수 없는 것으로 생각되고 있다.

〈ジョン·ヒック『宗教の哲学』間瀬啓允·稲垣久和 共訳, 勁草書房, p.249〉

절대성과 배타성

각 종교에 있어서 신적 실재가 계시되는 장소가 다르고, 따라서 계시에 대한 응답으로서의 신앙도 다르게 된다. 그리고 제 종교는 서로 상이할 뿐만 아니라, 스스로를 절대화하고 타他를 배척하는 경향이 있음은 부정할 수 없다. 일반적으로 종교에는 자기절대화와 배타성이 동반되는 것이다. 히크는 기독교의 경우를 들어서 다음과 같이 말하고 있다.

예를 들면, 기독교에서 이 응답의 절대성과 배타성은, 그리스도가 유일한 신이고, 하나님의 독생자이며, 아버지와 동질이고, 신과 인간의 유일한 화해자和解者라고 하는 교의 속에서 강하게 전개되어 왔다.

〈同上〉

기독교 비판에 대한 비판

기독교는 성서에 기초하는 그 근본적 교의인 삼위일체론과 그리스도 양성론兩性論에 의거하여 예수 그리스도에 대한 신앙을 요구한다. 그러면 예수 그리스도에 대한 신앙을 갖지 않는 타 종교는 배척되는 것일까? 이에 대해서 히크는 다음과 같이 말한다.

> 그러나 이 전통적인 교의(삼위일체론과 양성론)도 인류의 한층 더 넓은 종교적 삶에 대해서 실질적으로 무지한 시대에 형성된 것이기 때문에, 오늘날에는 현저한 모순을 드러내고 있다. 왜냐하면 한편에서 기독교는 전통적으로 하나님은 모든 인간의 창조주이다, 그리고 하나님은 모든 인간을 사랑하고, 그들의 최종적인 선善과 구원을 추구한다고 가르친다. 그리고 다른 한편에서, 그리스도에 있어서의 하나님에 대한 신앙에 의해서만이 인간은 구원받는다고 가르치기 때문이다. 이는 사실상, 다수의 인간을 배척하는 형태로서만 인간에게 구원을 가져오도록 하는 무한의 사랑이 정해져 있음을 의미한다. 그도 그럴 것이 유사 이래, 이 세상에 출생한 인간의 대부분은 그리스도 이전에 살았거나, 그렇지 않으면 기독교 국가 이외의 장소에서 살았거나, 중 어느 쪽이기 때문이다.
>
> 〈상게서 p.249〉

히크가 말하는 것처럼 기독교의 교의가 '넓은 종교적 삶에 대해서 실질적으로 무지한 시대에 형성된 것'은 아니다. 히크의 기독교 비판의 논리는 다음과 같은 것이다. 즉 기독교의 절대성과 배타성이 바

탕을 둔 교의 그 자체가 모순을 포함한 것이며, 틀린 것이기 때문에, 그러한 절대성과 배타성에는 근거가 없다. 그러나 교의 자체는 히크가 말하는 의미에서의 모순은 포함하지 않는 것이다. 그렇다면, 문제는 교의에서 배타성이 생겨나는가 하는 점이다. 분명 서양의 역사적 기독교는 교의를 유적有的으로 해석했기 때문에, 거기서 배타성이 생겨난 것은 부정할 수 없을 것이다. 그러나 서양신학의 교의 해석이 유일절대는 아니다. 이미 논하였듯이, 삼위일체의 신을 절대의 유有이자, 절대의 무無인 신으로 해석하고, 기독교 신앙의 본질을 예수 자신의 무신앙의 신앙이라고 해석한다면, 타 종교에 대한 배타성은 생기지 않는다. 신이나 신앙을 유적으로 해석하기 때문에, 다른 유적인 것에 대해서 배타적이 되는 것이다.

종교일원론

히크는 제 종교의 대립을 어떻게든 완화하기 위해서, 제 종교라 불리는 것도 실은 근본에 있어서는 하나라는 가설을 제시한다.

만약에 우리가 실재자實在者는 하나지만, 그 실재자에 대한 우리 인간의 각지覺知는 다양하며 다수라고 생각한다면, 우리는 다음과 같은 가설, 즉 종교적 경험의 상이한 흐름은, 상이한 문화적 역사를 통해서 형성되어 가는 상이한 인간의 멘탈리티에 의해서, 성격적으로 상이한 방법으로 각지되어 가는, 동일한, 무한의, 초월적인 실재에 대한 다양한 각지를 나

타내는 것이다, 라는 가설을 위한 기반을 얻게 된다.　〈상게서 p.252〉

매우 합리적인 가설이다. '동일한, 무한의, 초월적인 실재'가 다양한 역사와 문화 속에서 각지될 때, 거기에서 많은 구체적 종교가 생긴다고 말한다. 어러 종교가 있지만, 그 근본은 하나라는 것이다. 수피즘의 존재일성론과 상통한다. 하나인 실재가 다수로서 현성現成하는 것이다. 이 가설은 종교적이라기보다는 철학적이다. 그러나 이가설에 의한다고 하더라도 많은 각지覺知가 각각 유有라고 한다면, 현실의 종교적 대립은 전혀 해소되지 않을 것이다.

3. 불교와 기독교

다키자와 가쓰미滝澤克己

히크가 많은 구체적인 종교는 하나의 근원적인 일자一者로부터 파생한 것이라는 가설을 세움으로써 종교대립을 완화하려고 했지만, 이에 의거해서는 현실의 종교대립은 전혀 해소되지 않을 것이다. 왜냐하면 제 종교는 여전히 자기절대화를 그만두지 않기 때문이다. 종교대립을 지양하기 위해서는 제 종교가 근원적 일자로부터 파생한 것이라고 말하는 것뿐만 아니라, 제 종교 그 자체를 상대화할 필요가 있다고 생각된다.

다키자와 가쓰미滝澤克己[1]는 1964년에 출판된『불교와 기독교仏教とキリスト教』에서 기독교를 상대화하고, 제 종교 특히 불교와의 유화宥和를 시도했다. 이 책에서 주장하고 있는 것은 앞으로 반복해서 논하게 될 것이다. 조금 길어지지만, 그 중요한 부분을 인용하기로 하자.

진실을 말하면, 하나님과 사람 사이에 접촉이 있다고 하는 것은 우선 첫째로, 인간이 적극적인 의미로 사실 존재하는 것은, 반드시 하나의 피조물로서 직접 창조자인 하나님과 관련하여, 자각적으로 그 영광을 나타내야 한다는 것을 의미한다. 둘째로, 그러나 그것은 첫 번째 의미의 하나님과의 접촉을 사람이 그대로 받아서 일하는가 아닌가 하는 점에 관계된다. 첫 번째 의미의 접촉은 창조자와 피조물, 하나님 그 자신과 하나님의 초상간의 침범할 수 없는 구별을 포함해서, 그 사람이 원죄를 짊어지든 아니든, 현실에 그 죄의 유혹에 따라서 일하든가 아닌가에 관계없이 모든 때, 모든 곳에서, 모든 사람에게 성립한다. 이 접촉이 항상 새롭게 엄연하게 성립하고 있기 때문에, 그야말로 인간이 인간으로서 원죄를 짊어지는지 아닌지, 그 죄의 유혹에 굴해서 어떤 반역을 범하는지 아닌지, 즉 두 번째 의미에서의 신과의 접촉을 잃는지 아닌지 하는, 인간이 인간으로 살아가는 데에 결정적인 문제가 생겨나는 것이다.

따라서 예수에 있어서 처음으로 하나님과 인간과의 접촉이 생겼다고 말할 때, 그것은 결코 위의 첫 번째 의의에 있어서는 있을 수 없다. 그렇

---

1) 다키자와 가쓰미(滝澤克己, 1909~1984)는 종교철학자. 니시다 기타로(西田幾多郎), 칼 바르트에게 사사(師事). 그의 임마누엘 신학은 전후(戰後) 일본의 신학에 커다란 영향을 주었다. 『滝澤克己著作集』전 10권(法藏館)이 있다.

지 않고 그것은 단지, 첫 번째 의미의 접촉을 완전히 받아들여서 일하는 한 사람, 사람의 사람으로서의 생활의 기준이 되고, 격려가 되고, 교훈이 될 만한 하나의 형상이 생겼다는 것이 아니면 안 된다. 이를 제외하고는 '하나님 자신이 현실의 사람이 되었다'고 하는 사도의 가르침이 아무런 의의도 가질 수 없다고 하지 않으면 안 된다.

〈滝澤克己『仏教とキリスト教』法蔵館, pp.79-80〉

신과 사람과의 이의二義의 접촉

다키자와는 신과 사람과의 접촉에는 두 가지 의미(二義)가 있다고 말한다. 제1의義의 접촉은 사람은 피조물로서 누구나 창조자인 신의 곁에 있다고 하는 것이다. 제2의義의 접촉은 사람이 제1의의 접촉을 받아서 활동하는 데에 있어서 성립하는 것이다. 제1의의 접촉은 '임마누엘2)의 원사실原事實'이라고도 한다. 사람은 누구나 기독교도이든, 불교도이든, 유신론자이든, 무신론자이든, 이미 이 원사실에 입각해 있다. 언제나, 어디서나, 누구나 근저에는 이 원사실이 엄연히 존재하고 있는 것이다. 이 원사실은 신학적으로 말하면 창조론적 규정이며, 철학적으로 말하면 인간의 존재론적 규정이라고 할 수 있을 것이다. 이 의미에서는 사람은 누구나 '그리스도'이다, 라고 말할 수 있을 것이다. 제2의의 접촉은 임마누엘의 원사실을 깨닫고, 이에 의

---

2) '하나님이 우리와 함께 계십니다'는 의미의 히브리어.

거하여 살 때 성립한다. 제1의의 접촉은 필연적이지만, 제2의의 접촉은 우연적이다. 즉 일어나는 경우도 있고, 일어나지 않는 경우도 있는 것이다. 문제는 주체의 의사에 달려있다.

이의二義의 접촉과 원죄

원리적으로는 사람은 누구나 자력으로 제1의의 접촉을 깨닫고, 자력으로 제2의의 접촉을 가질 수가 있다. 바꾸어 말하면, 제2의의 접촉의 성립을 위해서 예수의 존재를 불가결하다고는 하지 않는 것이다. 확실히 예수는 '사람의 사람으로서의 생활의 기준'이며, '격려'이며, '교훈'이기는 하지만, 불가결한 존재는 아니다. 이는 제1의의 접촉이 원죄와는 무관계하다는 것과 관련된다. 신이 우리와 함께 있다는 것과, 우리가 신과 함께 있다는 것과는 근본적으로 다른 것이다. 확실히 타죄墮罪 이후에 있어서도 타죄 이전과 마찬가지로, 신은 여전히 우리와 함께 있음에도 불구하고, 우리는 그러한 신과 함께 있음을 자각하지 못하는 것이다. 타죄 이후에 신과 사람은, 신 쪽에서 보자면 접촉이 있음에도 불구하고, 인간 쪽에서 보면 접촉이 없는 것이다. 타죄 이후에는 사람과 신과의 접촉은 있는 듯하면서 없고, 없는 듯하지만 있는 것이다.

다키자와의 제1의의 접촉의 주장은 철학적이지만, 신학적이지는 않다. 철학의 주장으로서는 이해할 수 있지만, 신학의 주장으로서는 옳다고 할 수 없다. 그것은 그 예수론을 보아도 수긍할 수 있을 것이다.

예수와 제2의의 접촉

예수와 하나님과의 접촉은 제2의의 접촉이다. 예수는 제1의의 접촉을 깨닫고 하나님에게 복종함으로써 제2의의 접촉을 실현한 '하나의 형상'에 지나지 않는 것이다. 제2의의 접촉은 제1의의 접촉을 가진 모든 사람에 대해서 열려있는 것이다. 제1의의 접촉을 가진 모든 사람이 필연적으로 그리스도인 한에서, 예수도 한 사람의 인간으로서, 모든 사람과 함께 그리스도이지만, 예수가 예수로서 그리스도인 것은 아니다. 예수와 그리스도와의 결합은 조금도 필연적이지 않다. 예수는 예수로서 제2의의 접촉을 가지지 못한 채로 끝날 수도 있었던 것이다.

예수 그리스도와 양성론

삼위일체론과 함께 근간이 되는 기독교 교의인 그리스도 양성론에 의하면, 그리스도는 '참 신이며, 참 인간(vere Deus, vere homo)'이다. 바꾸어 말하면, 그리스도는 그리스도 예수이며, 예수는 예수 그리스도이며, 예수와 그리스도는 불가분이다. 양성이 한 위격에 있는 것이다(duae naturae in una persona).

그런데 다키자와는, 예수는 제2의의 접촉을 실현한 '하나의 형상'이며, '이를 제외하고는 "하나님 자신이 현실의 사람이 되었다"고 하는 사도의 가르침이 아무런 의의도 가질 수 없다고 하지 않으면 안 된다.'고 말한다. 그러나 '사도의 가르침'은 양성론에 귀착된다. 다키자와 철학은 이 양성론에 배치背馳되는 것이다.

이의二義의 접촉설과 견성성불설見性成佛說

다키자와의 이의의 접촉설에서 결정적으로 중요한 것은 제1의의 접촉이다. 제2의의 접촉은 제1의의 접촉의 각지覺知임에 다름 아닌 것이다. 다키자와의 교설敎說은 다름 아닌 선禪의 '견성성불見性成佛'설의 번안翻案이다. 선에서는 자기 내부의 불성을 깨닫는 것이 바로 성불이지만, 다키자와에서는 제1의의 접촉을 깨닫는 것이 바로 제2의의 접촉을 가지는 일인 것이다. 다키자와 철학은 선종교와 근본에 있어서 공통성을 갖는다. 다키자와에 있어서 기독교의 상대화는 기독교의 불교화, 내지는 불교의 절대화에 의해 수행되고 있다.

4. 진리의 기준과 공존

진리의 기준

현실에 제 종교가 있고, 그리고 각각이 자신이야말로 진리임을 주장하고 있다. 그것들을 음미할 방법은 없는 것일까? 종교의 사정은 철학의 사정과 서로 비슷하다. 철학도 동서고금에 걸쳐 여러 가지 철학이 있다. 그리고 각각의 철학은 자신이 진리임을 주장하고 있다. 이들 철학의 진리성을 음미하는 기준은 없는 것일까? 결정적인 형태는 아니지만, 전혀 없는 것은 아니다. 사정은 종교에서도 마찬가지이다.

마지막 심판이 있다면 모든 것은 거기서 결말이 날 것이다. 그러나 지금, 이 최후의 심판이라는 신앙 자체의 진리성이 문제가 되는 것이다. 이를 주장하는 신앙도 있지만, 이것을 부정하는 신앙도 있다. 따라서 이들 신앙의 진리성을 음미하려고 한다면, 그것은 이미 신앙일 수 없을 것이다. 그것은 이성理性 이외일 수 없을 것이다. 우리는 아래에서 신앙의 진리성의 이성적 기준을 반성해 보자.

보편성

이성적 기준으로서 제일 먼저 생각할 수 있는 것은 보편성이다. 보편성은 양적 보편성과 질적 보편성으로 나뉜다. 양적 보편성이란 세계성과 역사성이다. 그리고 질적 보편성 아래에서 생각할 수 있는 것은 인간성 내지는 도덕성이다.

어떤 종교가 세계성을 가지고 있다는 것은 그 종교가 민족적, 사회적, 성적 차이를 뛰어넘어서, 세계의 모든 사람들에게 수용될 수 있는 성격을 가지고 있다는 것이다. 불교, 기독교, 이슬람교는 그러한 의미에서 세계종교世界宗敎이다. 이에 대해서 유대교, 힌두교, 신도神

道 등은 민족종교民族宗敎이다. 종교의 세계성은 반드시 신도 수의 많고 적음과는 관계가 없다. 힌두교도는 불교도보다도 많지만, 불교가 세계종교인 데 반해서, 힌두교는 세계종교가 아니라 민족종교이다.

종교의 역사성이란 역사적 연속성을 말한다. 어떤 종교의 전통이 길게 이어져 끊이지 않고 있으면 그것만으로 바로 그 종교가 진리에 가깝다고 단언할 수는 없겠지만, 시대를 뛰어넘어 계속 사람들에 의해 믿어져 왔다는 것은 역시 거기에 진리성이 있다고 하지 않을 수 없을 것이다. 철학이나 문예에 있어서 고전이라는 것이 가지고 있는 가치도 그 역사성에 있는 것이다. '나무는 그 열매로 알려진다'고 하는데, 백 년 혹은 오백 년의 단위로 사상思想을 볼 때, 자연히 평가가 정해지는 것이 아닐까? 역사라고 하는 것은 인간의 생각을 뛰어넘어서 사상事象을 객관적으로 평가하는 것이다.

세계성은 공간적인 기준이고 역사성은 시간적인 기준으로 즉 양적 보편성의 기준인 데 반해, 인간성 내지 도덕성은 질적 보편성의 기준이다. 그리고 양적 보편성의 근저에는 질적 보편성이 존재하는 것이다. 어떤 종교가 세계종교가 될 수 있다고 하면, 그 종교가 민족적, 사회적, 성적 차이를 뛰어넘는 인간성 내지는 도덕성을 갖추고 있기 때문이다. 다음 바울의 말은 민족적, 사회적, 성적 차별이 상식이었던 고대에는 매우 혁명적인 말이다.

너희가 다 믿음으로 말미암아 그리스도 예수 안에서 하나님의 아들이 되었으니 누구든지 그리스도와 합하기 위하여 세례를 받은 자는 그리스도로 옷 입었느니라 너희는 유대인이나 헬라인이나 종이나 자유인이나

남자나 여자나 다 그리스도 예수 안에서 하나이니라

〈『갈라디아서』 3장 26-28절〉

또 어떤 종교가 역사종교가 될 수 있다고 하면, 그 종교가 역사와 밀접하게 관련되어 있으면서도 결코 역사에 매몰되는 일 없이 역사를 비판할 수 있는, 역사를 뛰어넘는 도덕성을 갖추고 있기 때문이다. 도덕성에 관련되는 진리의 특징은 역사 속에서 무한히 전개될 수 있다는 것이다. 진리라는 것은 결코 동일성적同一性的이 아니라, 변증법적이며 무한히 전개되는 것이다. 그것은 왜인가? 진리는 생명이기 때문이다.

창조성

방금 기술한 무한전개無限展開라는 것, 이것이 진리의 또 다른 하나의 이성적 기준인 창조성의 표현이다. 진리는 창조적으로 무한전개되는 것이다. 진리는 그 발상지를 뛰어넘어서 역사와 문화가 다른 지역에 들어가고, 거기서 전개된다. 그때 진리는 그 지역의 역사와 문화를 그저 부정하는 것이 아니라, 변증법적 매개로 한다. 이와 같이 진리는 단지 공간적으로 전개될 뿐 아니라, 시간적으로도 전개되는 것이다. 플로티노스에 있어서, 거기에서 만물이 유출되는 '일자一者'가 '샘pēgē'에 비유되고 있듯이, 종교적 진리는 샘인 것이다. 세계종교는 세계의 각지에서, 과거로부터 현재에 이르기까지 전개되어 왔듯이, 앞으로도 그 창조적 활동이 고갈되는 일은 없을 것이다.

진리의 공존

종교적 진리의 이성적 기준에 비추어서 진리라고 판단되는 종교는 복수 존재한다. 세계종교라 칭해지는 것은 세 가지나 있다. 이들 종교는 앞으로도 세계적, 역사적으로 계속 전개될 것이다. 이들 종교의 종교철학적 평화공존은 어떻게 가능할 것인가? 각 종교가 배타적으로 자기를 절대화한다면 비난의 응수는 피할 수 없다. 상호의 토론討論은 필요하다. 그러나 상호부인相互否認으로 달려서는 안 된다. 상호승인相互承認으로 나아가지 않으면 안 된다. 각 종교는 어디까지나 자기의 진리성을 주장한다. 보통은 이것에 의해 자기절대화와 타자부정이 일어난다. 그것은 자기절대화가 단지 유적有的이기 때문이다. 그렇다면 타자부정은 불가피하게 된다. 그러나 자기절대화가 동시에 무적無的이라면, 대립은 있어도 상호부인은 일어날 수 없다. 대립·토론은 필요한 것이다. 필요하다고 하기보다 필연적이다. 이것이 없으면 진리성의 포기나 다름없다. 서로의 사이에 엄격한 대립이 존재하면서 상호승인이 성립할 수 있으려면, 유적임과 동시에 무적이지 않으면 안 될 것이다. 단지 유적이면, 오로지 대립이 있을 뿐이며, 또 단지 무적이면, 오로지 융화가 있을 뿐이다. 진리와 진리는 대립하면서 융화하는 것이다.

절대자관과 신앙관

각각의 종교에서의 절대자가 단지 유적有的이면, 제 종교는 결코 양립할 수 없다. 또 절대자가 단지 무적無的인 종교에서는, 타 종교와의 진정한 토론이라는 것이 없다. 종래 성서의 신은 단지 유적으로 이해되어 왔다. 그렇기 때문에, 타 종교의 전면부정으로 달렸다. 그러나 단지 유적이 아니라, 무적으로도 이해됨으로써, 진정한 토론이 원리적으로 가능해졌다. 상호부인으로 끝나는 거짓 토론이 아니라, 상호승인으로 끝나는 진정한 토론의 원리적 가능성은 자기의 무성無性의 자각에 있는 것이다. 결코 유한성의 자각에 있는 것이 아니다. 사람들은 말할지도 모른다. 자기의 유한성을 자각하고 자기절대화를 삼가면 서로간의 평화공존은 가능해질 것이라고. 그러나 그렇지 않다. 거기서는 철저하게 진정한 토론도 진정한 상호승인도 일어나지 않는 것이다. 각 종교는 자기의 절대성을 주장해야 한다. 하지만 그러면서도, 이 절대성을 단지 유화有化하지 않는 것이 중요하다.

신앙에 관해서도 그것이 단지 유적이면, 다른 신앙을 심판하게 된다. 즉 다른 유적인 신앙에 대해서는 자신의 신앙과 다르다고 해서. 또 다른 무적인 신앙에 대해서는 그 신앙이 무적이라고 해서. 그러나 신앙이 무신앙의 신앙이라면, 신앙을 유적으로 절대화하고 다른 신앙을 심판하는 일은 없을 것이다.

절대의 은혜와 타력

절대자를 절대의 유이자 절대의 무로 파악하는 것도, 또 신앙을 무신앙의 신앙으로 파악하는 것도, 모든 것은 절대의 은혜에 의한 것이며, 절대의 타력에 의한 것이다. '파악한다'고 했지만, 자기가 그렇게 파악하는 것이 아니다. 절대타자에 의해 그렇게 파악하게 되어서, 파악하는 것이다. 자기가 진리를 파악하는 것은 자기가 진리에 의해 파악됨으로써, 파악하는 것이다. 진리는 자기의 소유물이 아니라 선물이다. 그러면 진리를 둘러싼 주도권 다툼은 있을 수 없다. 진리를 자기의 소유물 또는 세력으로 이해하기 때문에 다툼이 그치지 않는 것이다. 신란이 '제자는 한 명도 두지 않겠다'고 제자에 대해 말한 것은 그대로 진리에 대해서도 해당된다.

제15장

종교철학과 현대

종교철학의 제3과제는 '신앙과 행위의 문제'인데, 제13장에서는 '신앙의 문제'만을 논했다. '행위의 문제'는 본 장으로 미뤘다. 그래서 우선 이 문제를 다루지 않으면 안 된다. 여기서 논하는 행위란 어디까지나 신앙의 행위, 즉 신앙에 근거하는 행위임을 명기해 둔다.

1. 신앙과 행위

신앙과 행위의 불가분성

바울은 신앙은 사랑으로 역사하는 것이라고 말했다. 또 칸트는 예수의 종교는 도덕적 종교임을 강조했다. 이슬람의 '육신오행六信五行'의 제1행은 '알라 외에 신은 없고, 무함마드는 신의 사도이다'라는 신앙고백이다. 신앙을 고백하는 것이 무슬림이 해야 할 첫 번째 행위라는 것이다. 신앙은 고백되지 않으면, 신앙이 되지 않는다. 신앙과 그 고백은 불가분이다. 이 신앙고백은 신앙임과 동시에 행위인 것이다. 신앙과 행위의 접점인 것이다. 이것은 염불이나 기도에 있어서도 마찬가지이다. '나무아미타불'의 염불에 있어서, 신信과 행行은 불일불이이다. 기도에 있어서도 신앙과 행위는 불일불이이다. 우치무라 간조内村鑑三는 『구안록求安録』의 「최종문제」라는 곳에서 다음과 같이 말하고 있다.

…… 기독교 신도는 끊임없이 기도해야 한다. 맞다, 그의 생명은 기도이다. 그는 아직 불완전하기 때문에 기도해야 한다. 그는 아직 믿음이 부족하기에 기도해야 한다. 그는 능히 기도할 수 없기에 기도해야만 한다. 은혜를 받아도 기도해야 한다. 저주를 받아도 기도해야 한다. 하늘 높이 들려도, 음부陰府의 낮은 곳으로 내려가도 나는 기도할 것이다. 힘없는 나, 나의 할 수 있는 일은 기도하는 것 뿐.

불가분성의 구조

신앙과 행위가 불가분이라는 것은 신앙은 반드시 행위를 함의한다는 것이다. 이는 다시 말하면, 신앙이 행위를 동반하지 않으면, 그것은 신앙이 아니라는 것이다. 신앙과 행위의 순서는 바로 신앙이 첫째, 행위가 둘째라는 것이다. 이 반대가 아니다. 즉 신앙과 행위의 순서는 불가역인 것이다. 또 신앙과 행위가 불가분이라는 것은 양자가 동일한 것임을 의미하는 것이 아니다. 양자는 상이한 것이다. 바울은 유대교의 율법의인律法義認을 엄중히 거부하고, 신앙의인信仰義認을 강조했다. 신앙과 행위는 불가동不可同인 것이다. 신앙과 행위는 불가분, 불가역, 불가동인 것이다.

신앙의 행위의 원리

신앙의 행위의 원리는 자기에게가 아니라 타자에게 있다. 신앙의 행위의 윤리학은 행위자의 윤리학이 아니라, 피행위자의 윤리학이다. 행위자의 윤리학에 있어서의 최고선最高善은 자기의 최고선이다. 이에 대해서 피행위자의 윤리학에 있어서의 최고선은 타자의 최고선이다. 이 타자의 최고선이 자기의 최고선과 공동체의 최고선을 매개하는 것이다. 우리는 자타의 최고선을 추구하려고 할 때, 필연적으로 공동체적 최고선을 추구하지 않을 수 없다. 왜냐하면 자타의 최고선의 근거는 공동체적 최고선의 가능성에 있기 때문이다.

공동체적 최고선으로서의 영원평화永遠平和

개인적 최고선은 개인의 도덕성과 개인의 행복이 일치하는 것이지만, 공동체적 최고선은 인류의 도덕성과 인류의 행복이 일치하는 것이다. 그것은 다름 아닌 바로 영원평화이다. 영원평화는 현세에서는 실현 불가능한 이념이다. 그러나 그것이 이웃사랑에 기초하는 인류의 계명인 이상, 우리는 그 실현을 위해서 노력하지 않으면 안 된다. 우치무라内村는 평화의 복음의 필요성에 대해서 다음과 같이 말한다.

하나님은 복음으로 모든 사람을 심판하시기 때문에(로마서 2장 16절), 널리 복음을 전하는 것은 심판개시審判開始의 전제로서 필요하다. 그리하여 복음전파란 이 시대의 선교사들이 하는 것처럼 무난하고 평범한 이치를 전파하는 것이 아니다. 지금의 세상에 비전非戰은 복음의 가장 중요한 부분이다. '죄에 대하여, 의에 대하여, 심판에 대하여, 세상으로 하여금 죄가 있음을 깨닫게 하기' 위해서는 반드시 죄 중의 죄인 전쟁의 죄에 대해서 깨닫게 할 필요가 있다(요한복음 16장 8절). 말할 것도 없이 복음의 다른 한 면은 죄에 대한 힐책이다. 이리하여 20세기의 인류, 특히 문명국이 계속하여 범하고 있는 최대의 죄는 전쟁이다. 전쟁을 힐책하지 않고 그리스도의 복음을 말할 수는 없다. 전쟁을 허용하면 기독교는 그 근본부터 무너져 버리는 것이다. 사회사업도 외국전도도 소용없다. 전쟁은 인도人道의 파괴이다. 기독교에 대한 부인이다. 전쟁의 용인과 복음의 전파는 동시에 행해질 수 없는 것이다……

〈「戰争廃止に関する聖書の明示」內村鑑三全集 第23卷, 岩波書店, p.287〉

이제 영원평화의 추구는 신앙의 계율이라고 해야만 한다.

2. 현대라는 시대

현상現象으로서의 현대

앞 절에서 필자가 영원평화의 추구를 신앙의 계율로 제창한 데에도 이미 현대라는 시대의 상황이 반영되고 있다고 해야만 한다. 도대체 현대라는 시대는 어떤 시대일까? 현상으로서의 현대를 반성해 보자.

첫째, 20세기라는 세기는 뭐니 뭐니 해도 두 번의 세계전쟁이라는, 다른 세기에서는 볼 수 없는 경험을 한 세기이다. 게다가 여전히 제3차 세계대전의 그림자에 떨고 있다. 그것은 글자 그대로 인류의 파멸로 통한다. 핵의 위협이다. 둘째, 우리는 소련의 공산주의혁명과 그 좌절을 목격했다. 셋째, 그러면 자본주의는 건전한가 하면 결코 그렇지 않다. 국내 빈부의 격차 및 남북문제1)에 있어서, 자본주의의 모순을 눈앞에 보고 있다. 넷째, 자연파괴는 이제 누가 보아도 역력하다. 다섯째로, 극히 최근의 일이지만, 정보화 사회의 급속한 진전이 있다. 과학기술시대는 정보화시대로 돌입했다. 정보가 리얼리티를 대신한다. 오늘날에 리얼리티라는 것은 버추얼 리얼리티virtual reality이지, 리얼 리얼리티real reality가 아니다. 있는 그대로의 리얼리티는 이제 발견할 수 없다. 여섯째로 모럴moral의 근원적 퇴폐이다. 여기서 모럴의 근원적 퇴폐란 임모럴immoral이 아니라, 에이모럴amoral을 말한다. 임모럴, 즉 부도덕不道德은 도덕을 전제하고 있다. 그러나 에이모럴, 즉 무도덕無道德은 일체의 도덕의 부정이다. 아직도 많이 들 수 있지만, 이상 여섯 가지 점으로 해 두자.

---

1) 역주_선진국과 저개발국간의 경제적 격차 문제를 말함. 선진국은 주로 지구의 북반구에 위치하고 있고 저개발국은 주로 지구의 남반구에 위치하고 있다는 데서 나온 용어.

근본현상으로서의 에이모럴리즘

이상 여섯 가지 현상 중에서 가장 근본적인 현상은 여섯 번째의 에이모럴리즘이다. 정보화 사회의 출현도 인류 문명에 심각한 영향을 주겠지만, 역시 뭐니 뭐니 해도 에이모럴리즘의 영향은 매우 크다. 정보화 사회는 인간의 눈에서 리얼 리얼리티를 가린다. 우리가 접하는 세계는 버추얼 리얼리티일 뿐이다. 종교의 중심문제는 구제의 문제이고, 그리고 그것은 생명의 문제인데, 그 생명이 정보화 사회 속에서 리얼 리얼리티를 잃어가고 있다. 즉 그 의미와 가치를 잃어가고 있는 것이다. 이러한 현상의 근본에 있는 것은 에이모럴리즘이다. 정보화 사회도 에이모럴리즘의 소산인 것이다.

에이모럴리즘의 본질로서의 니힐리즘

현대의 근본현상은 에이모럴리즘이지만, 이 에이모럴리즘의 본질은 니힐리즘이다. 그리고 니힐리즘은 다름 아닌 바로 무신론인 것이다. 현대라는 시대의 심층 내지는 저류에 있는 것은 니힐리즘·무신론인 것이다. 니힐리즘이란 단적으로 말하면, 존재와 가치에 대한 확실성의 상실을 말한다.

존재의 니힐리즘

존재의 니힐리즘은 불안이나 권태 같은 인간의 근본기분 속에 나타난다. 불안이란 것은 걱정과는 다르다. 걱정에는 특정한 대상이 있다. 걱정의 원인이 있는 것이다. 그러나 불안에는 그런 것이 없다. 불안은 특정한 대상이 없음에도 불구하고 왠지 불안한 것이다. 이 '왠지'라는 것이 불안의 특징이다. 이런저런 대상에 의해서가 아니라, 왠지 불안하다는 것은 바꾸어 말하면, 모든 것이 불안을 불러일으킨다는 것이다. 모든 것 중에서 결정적인 것은 자기의 존재 그 자체이다. 불안의 진정한 원천은 자기를 둘러싼 대상으로서의 세계가 아니라, 대상화할 수 없는 자기 자신이다. 따라서 걱정을 없애는 일은 그리 곤란하지 않지만, 불안을 없애는 것은 매우 곤란하다.

불안의 기분과 비슷한 것이 권태라는 근본기분이다. 이런저런 대상에 대해서 권태를 느끼는 일은 종종 있다. 그러나 근본기분으로서의 권태는 특정한 대상에 대해서가 아니라, 일체의 모든 것에 대해서 느끼는 것이다. 불안의 경우와 마찬가지로, 이 모든 것 중에서 결정적인 것은 자기의 존재이다. 권태의 진정한 원천도 자기를 둘러싼 대상으로서의 세계가 아니라, 대상화할 수 없는 자기 자신인 것이다. 자기가 자기 자신에게 무료한 이상, 자기 이외의 어떤 것에 관심을 돌리려고 해도 권태는 없어지지 않는다.

근본기분으로서의 권태는 모든 것에 대한 무관심이고, 근본기분으로서의 불안은 모든 것에 대한 과잉관심이다. 과잉관심은 초조가 되어 나타나고, 무관심은 무감동으로 나타난다. 불안과 권태의 진정한 원천이 자기 자신이라는 것은 궁극적 원천의 동일성을 예상하게 한다. 실제로 불안과 권태의 근원은 인간존재의 니힐리즘이다. 이 근원적 니힐리즘이 불안과 권태로 나타난다. 불안과 권태는 무無의 현상인 것이다.

가치의 니힐리즘

가치의 니힐리즘이란 확실한 가치라는 것은 없다는 주장이다. 다시 말하면, 가치상대주의價値相對主義이다. 사르트르는 '실존주의는 휴머니즘이다'라는 강연에서 도스토예프스키의 『카라마조프의 형제』에 나오는 이반 카라마조프의 말을 인용하여 가치의 니힐리즘을 설명하고 있다. 이반의 말이란, '만약 신이 존재하지 않는다고 한다면, 모든 것이 허락될 것이다'라는 것이다. 사르트르가 생각하는 바에 의하면, 실제로 신은 존재하지 않기 때문에 우리에게는 모든 것이 허락되어 있다는 것이다. 다시 말하면, 우리에게 있어서 행위가 따라야만 하는 보편적 원리라는 것은 없으며, 중요한 것은 자기의 자유에 의거해서 결단한다는 것뿐이다. 가능한 행위의 선택지選擇肢에 대해서 사르트르는 '그대는 자유이다, 선택하라'고만 하는 것이다.

이러한 가치의 니힐리즘은 단지 실존철학의 입장일 뿐만 아니라, 이것과 서로 대립하는 분석철학의 입장이기도 하다. 스티븐슨의 정서설情緖說에 의하면 '이것은 좋다(This is good)'고 하는 윤리적 판단의 의미는 '나는 이것을 찬성한다. 그대도 찬성해주게(I approve of this; do so as well)'라는 것이다. 즉 윤리적 판단에는 합리적 근거 부여는 없다. 따라서 윤리적 판단의 일치를 위해서는 상대의 정서에 호소하지 않으면 안 된다는 것이다. 정서설은 가치상대주의를 전제하고 있는 것이다. 가치상대주의는 다름 아닌 바로 가치의 니힐리즘인 것이다.

니힐리즘과 무신론

사르트르에 있어서 가치의 니힐리즘이 무신론에 근거하고 있음은 분명하다. 가치의 니힐리즘뿐만이 아니라, 존재의 니힐리즘도 무신론에서 유래한다. 인간존재의 근본규정이 관계 내 존재라고 한다면, 관계의 상실은 그대로 허무로의 전락을 야기할 것이다. 인간존재는 절대자관계와 인간관계와의 이중의 관계 속에 있다. 전자가 일차적이고, 후자는 전자에 의거하여 이차적이다. 일차적인 절대자관계의 상실은 여러 가지 형태로 이차적인 인간관계의 차질을 초래한다. 현대는 그야말로 무신론·니힐리즘의 시대인 것이다.

3. 종교철학의 현대적 과제

우리는 종교철학의 과제로 세 가지를 살펴보았다. 즉 '구제의 문제'와 '절대자의 문제'와 '신앙과 행위의 문제'이다. 그리고 지금 다시 현대라는 시대의 근본적 특징을 무신론에서 찾아냈다. 따라서 현대의 종교철학은 이 현대의 근본적 특징인 무신론의 관점에서, 종교철학의 세 과제를 반성해야 할 필요가 있다. 그러나 그전에 '무신론'이라는 것을 엄밀하게 규정해 둘 필요가 있을 것이다.

무신론

보통 무신론은 유신론, 이신론理神論, 범신론과 함께 신론神論의 하나로 생각되고 있다. 즉 이러한 신론神論들을 전면적으로 부정하는 것으로 이해되고 있다. 그러나 이것은 무신론을 서양적으로 파악한 것이다. 하지만 필자가 무신론이라고 했을 때 의미하는 바는, 절대자의 부정이라는 것이다. 그리고 절대자란 반드시 유적인 것에 한정되지 않고, 무적인 것도 있을 수 있다는 것이다. 따라서 절대무의 종교는 무신론이 아니게 된다.

절대자의 부정이란 것도 결코 단순한 것이 아니다. 왜냐하면 절대자의 부정이라는 것이 관념으로서의 절대자의 부정이며, 실재로서의 절대자의 부정일 수 없는 경우가 있기 때문이다. 니체가 죽인 것은 관념으로서의 절대자, 즉 '철학자의 신'이지, 실재로서의 신, 즉 '아브라함의 하나님, 이삭의 하나님, 야곱의 하나님'이 아니었기 때문이다. 진정한 무신론이 의미하는 것은 실재로서의 신의 부정이다. 정말로 절대자는 실재하지 않는가? 아니면 실재하는가? 그것은 철학적으로는 판단할 수 없다. 유신론이 신앙이라면, 무신론도 또 그에 못지않게 신앙인 것이다.

무신론과 구제

구제는 생의 고苦로부터의 구제이다. 고는 현실이다. 일체가 허구로 뒤덮인 시대에 있어서도 고는 현실이다. 고의 원인이 어디에 있든, 괴로워하고 있는 것은 현실이다. 고의 내용은 여러 가지라도, 고 자체는 허구가 아니라 현실이다. 그리고 그 고로부터의 구제를 추구하는 것도 사실이다. 생生은 다름 아닌 바로 생에 대한 의지이기 때문이다. 생이 생인 이상, 생을 부정하는 고로부터의 구제를 반드시 추구한다. 생이 고를 단지 감수한다고 하면, 그것은 생의 자기모순이다. 물론 생이 보다 큰 생을 위해 현실의 고를 감수하는 경우는 있다. 그러나 생이 궁극적으로 고를 감수한다는 일은 있을 수 없다. 생이 고로부터의 구제를 추구하는 것은 생의 사실이다.

고의 현실과 이 현실로부터의 구제를 추구하는 생의 사실을 앞에 두고, 무신론은 어떻게 부응할 것인가? 무신론이라는 사상 때문에 생의 사실을 부정할 것인가? 그렇지 않으면, 무신론의 입장에서 생의 사실에 부응하려고 할 것인가? 그러나 무신론에 그것을 기대할 수 있을까? 왜냐하면 전인적·전 인류적·전 우주적 구제는 이 세계에서는, 또는 현세에서는 불가능하며, 신천신지新天新地의 도래 또는 내세의 존재가 필수 불가결하기 때문이다. 현실의 고가 어찌할 수 없는 것일 때, 우리는 그 고로부터의 구제를 추구하며, 신천신지의 도래를, 또는 내세의 존재를 믿을 수밖에 없는 것이다. 신앙은 필연성이다.

무신론은 방관적인 유한有閒한 이론에 지나지 않는다. 현대를 사는 것은 여러 가지 고의 소용돌이 속에 던져진 것이다. 우리는 고의 당사자이다. 현실을 직시할 때, 무신론 등의 이야기를 하고 있을 틈은 없다. 물론 궁극적인 구제를 믿는 것은 타력본원他力本願에 기대어 팔짱을 낀 채 자신은 아무것도 하지 않는 것이 아니다. 오히려 모든 것이 우리의 노력에 달려있는 것처럼 있는 힘을 다하는 것이다. 진인사대천명盡人事待天命하는 것이다. 무신론에서 나오는 것은 절망과 무관심이다. 그러나 구제를 추구하는 자는 희망을 가지고 노력하지 않을 수 없다.

무신론과 절대자

많은 경우, 무신론의 절대자관은 절대자는 절대유라는 것이다. 확실히 종래의 서양에서는 신은 절대유라고 생각되어 왔다. 무신론은 이러한 절대유로서의 신을 부정해 왔다. 신을 절대유로 주장하는 것이 유신론이라고 한다면, 유신론 대 무신론이라는 구도도 성립할 수 있을 것이다. 그러나 이제는 절대자는 단순한 절대유가 아니라, 동시에 절대무임이 분명해졌다. 절대자는 단지 절대유라는 전통적 기독교적 신관神觀이 오류인 것처럼, 절대자는 단지 절대무라고 하는 불교적 절대자관絶對者觀도 오류라고 해야만 한다.

　신이 단지 절대유라면, 어떻게 해도 삼위일체론은 성립할 수 없다. 신이 절대유이자 절대무라는 것은, 절대유인 신이 절대무로 존재한다는 것이다. 절대유이자 절대무인 신은 초월신超越神임과 동시에 내재신內在神이기도 한 것이다. 다시 말하면, 단순한 초월신도 단순한 내재신도 아니라는 것이다. 신이 절대유이면서, 동시에 절대무라는 것은 단지 신학상의 문제로 끝나지 않는다. 동시에 신앙상의 문제이기도 한 것이다. 즉 신이 절대유이자 절대무라는 것은 구약성서의 의義의 하나님과 신약성서의 사랑의 하나님이 동일한 하나님임을 의미한다. 그리고 이 동일한 신에 있어서는 의의 심판과 사랑의 용서가 하나인 것이다.

　절대자는 단순한 절대유가 아닌 것처럼, 단순한 절대무도 아니다. 절대무에는 초월성, 타자성, 인격성이 결여되어 있다. 이는 구체적으로는 무율법성無律法性과 무책임성이 되어 나타난다. 나―너의 관계라는 인격적 관계는 계약과 율법을 통해서 성립한다. 계약과 율법 없이는 나―너의 관계라는 인격적 관계는 성립되지 않는다. 그리고 인격적 관계가 없는 곳에는 책임이라는 것도 성립하지 않는다.

무신론과 신앙

앞에서 무신론을 절대자의 부정이라고 정의하였지만, 이러한 무신론의 진위는 차치하고, 현대가 신이 없는 시대라는 것은 부정할 수 없을 것이다. 신이 없다는 것은 무신앙이라는 것이다. 신앙이란, 사람이 신을 대상적으로 믿는 것이 아니라, 신이 사람과 함께 있음을 아는 것이다. 현대를 하나의 시대로 볼 때, 현대는 신 없는, 신앙 없는 시대이다. 그것은 아우슈비츠나 히로시마·나가사키를 상기하는 것만으로 충분하다. 그곳에 신은 있었는가? 우리 자신이 마침 거기 있었다면, 그때 우리는 신을 믿을 수 있었을까? 우리는 '이제 이 세상은 끝이다, 하나님도 부처님도 없다'라고 생각하지 않았을까? 우리는 신 없는 곳에서 신을 믿을 수가 있을 것인가? 무신앙의 한가운데서 신앙을 가질 수가 있을까? 현대는 신 없는, 무신앙의 시대이다. 이러한 시대의 한가운데서 신과 함께 있을 수가 있을까? 또 신을 믿을 수가 있을 것인가?

본회퍼[2]는 옥중서간에서 '우리는 신 없이, 신 앞에서, 신과 함께 살고 있다'고 썼다. 이는 바꾸어 말하면, 무신앙의 신앙으로 산다는 것이다. 그러나 이러한 것이 어떻게 가능할 것인가? '어떻게 무신앙의 신앙이 가능할까?' 이 물음이야말로 현대 종교철학의 근본과제라

---

2) 본회퍼(Bonhoeffer, Dietrich, 1906~1945)는 독일 고백교회(告白敎會)의 목사·신학자. 히틀러정권에 저항하여 투옥되고, 종전 직전에 처형되었다. 전후 『저항과 신도』라는 표제로 간행된 옥중서간은 사람들에게 많은 감명을 주었다. 그 안에 보이는 '우리는 신 없이, 신 앞에서, 신과 함께 살고 있다'고 하는 신앙은 세키네 마사오(關根正雄)의 '무신앙의 신앙'에 깊은 영향을 주었다.

고 해야 한다. 우리가 오늘날의 절망적인 상황 속에서 이 절망에 맞서고, 나아가 구제를 대망待望할 수 있다고 한다면, 그것은 이 신앙에 의거하는 이외에는 있을 수 없을 것이다. 그러나 이 역설적 신앙은 우리에게는 불가능하다. 우리는 그러한 신앙의 성립을 예수의 십자가 위의 그 절규에서 보는 것이다.

예수는 십자가에서 '나의 하나님, 나의 하나님, 어찌하여 나를 버리셨나이까'라고 절규하고 죽었다. 예수는 신 없이 신과 함께 있었던 것이다. 무신앙의 신앙으로 살고 또 죽은 것이다. 무신앙의 신앙이 성립한 장소는 십자가이다. 다키자와滝澤는 신과 사람과의 제1의義의 접촉을 '임마누엘의 원사실原事實'이라고 불렀다. 그러나 무신앙의 신앙의 장소인 십자가야말로 구제의 원사실이다. 이 원사실을 떠나서 어디에도 믿음도 사랑도 소망도 없다. 그러나 이 원사실에 정착하는 한, 자기와 세계의 어떠한 현실에도 절망하지 않을 것이다. 다만, 열심히 '기다리며 서두를' 것이다.

무신론과 행위

사르트르의 가치상대주의 내지 니힐리즘은 무신론에 기초하고 있다. 로크는 『관용에 대한 서간』에서 정교분리政敎分離와 함께 신교信敎의 자유를 강조하고 있는데, 이 신교의 자유 속에 무신론은 포함되어 있지 않다. 로크는 그 이유를 다음과 같이 쓰고 있다.

신의 존재를 부정하는 사람들은 결코 관용으로 대해서는 안 됩니다. 인간사회의 끈인 약속이라든가 계약·서약 등은, 무신론자를 얽매는 일은 없습니다. 설령 사상 내에서 만이라고 해도, 신을 부정하는 것은 모든 것을 해체해 버립니다. 게다가 또 무신론에 의해 모든 종교를 파내어 흐트러뜨리고 파괴하는 자는, 관용의 특권을 요구하는 기초가 되는 종교라는 것을 예로 내세울 수가 없는 것입니다.

〈生松敬三訳『寛容についての書簡』世界の名著27『ロック, ヒューム』, p.391〉

200년 이상 전에 로크가 여기서 말하고 있는 것을 그대로 인정하지 않을 수 없다. 오늘날은 신을 믿지 않을 자유도 인정되고 있다. 그러나 무신론이 도덕에 대해서 부정적임은 부정할 수 없지 않을까? 에이모럴리즘은 무신론의 결과이다. 사르트르에서 보이는 그대로이다.

무신앙의 신앙과 두 가지 계명

우리가 문제로 하는 행위는 행위일반이 아니라 신앙의 행위, 즉 신앙에 기반을 둔 행위이다. 참 신앙이라는 것이 예수의 무신앙의 신앙이라고 한다면, 신앙에 기반을 둔 행위란 무신앙의 신앙에 기반을 둔 행위가 될 것이다. 그러면 무신앙의 신앙에 기반을 둔 행위의 원리란 무엇일까? 그것은 무신앙의 신앙으로 살고, 또 죽은 예수 자신이 가르친, 신을 사랑하라는 것과 사람을 사랑하라는, 그 두 가지 사랑의 계명이라고 해야 할 것이다. 무신앙의 신앙이 두 가지 사랑의 계명으로 역사하는 것이다. 바울은 신앙은 사랑으로 역사한다는 것을 강조했다. 예수의 무신앙의 신앙은 예수의 두 가지 사랑의 계명으로 역사하는 것이다. 예수에 있어서 무신앙의 신앙과 두 가지 계명은 사실로서 연결되어 있다. 불일불이인 것이다.

불일불이인 두 가지 계명

무신앙의 신앙과 두 가지 계명이 불일불이인 것처럼, 두 계명도 불일불이이다. 신을 사랑하는 것은 사람을 사랑하는 것으로 나타나는 것이다. 사람을 사랑한다는 것은 이웃사랑이다. 이웃사랑이라는 행위의 원리는 피행위자의 윤리학의 원리이다. 고苦는 괴로워하는 당사자의 현실이다. 우리는 그런 사람을 우리의 입장에서가 아니라, 그 사람 자신의 입장에서 돕지 않으면 안 된다. 그러나 어떻게 하면 그런 일이 가능할 것인가? 다른 사람의 괴로움을 자신의 괴로움으로 받아들이는 상상력이 필요하다. 아니, 상상력이라기보다 현실로 타인의 괴로움을 같이 아파해서 자신의 오장육부가 떨리지 않으면 안 된다. 그러나 어떻게 하면 괴로워하는 사람과 함께 떨릴 수가 있을 것인가? 그것은 오직 자신도 괴로워함으로써 이다. 괴로워하는 자와 괴로워하는 자는 공감하는 것이다.

역자후기

우리는 흔히 종교와 철학을 대립하는 것으로 보는 사고방식에 접하곤 한다. 이러한 사고는 종교가 인간에게 파악 불가능한 초월적 영역을 대상으로 하는 데 대하여 철학은 인간의 지智와 사유의 근원을 천착한다는 점을 근거로 한다. 그러나 한편으로 우리는 어떤 사람이 종교를 가짐으로써 삶의 자세 내지는 사유의 태도가 바뀌거나, 또는 역으로 철학적 사유의 결과로 종교에 접근해 가는 경우를 목도하곤 한다. 종교와 철학이 맞닿는 경우를 접할 수 있는 것이다. 이러한 점에서 '종교철학'이라는 분야는 우리 삶에 시사하는 바가 매우 크다 할 수 있다.

본서는 2008년 고단샤講談社 학술문고로 간행된 하카리 요시하루量 義治의 『종교철학입문宗教哲学入門』을 번역한 것이다. 일본의 방송대학放送大学의 교재로 여러 해에 걸쳐 사용된 바 있는 『종교의 철학宗教の哲学』을 저본底本으로 한 『종교철학입문』은 내용이 풍부하면서도 짜임새 있게 기술된, 훌륭한 교양서이자 종교철학의 입문서라고 할 수 있다. 본서는 우선 세계 3대 종교인 기독교, 불교, 이슬람교의 핵심적 교의 및 이들 종교와 관련되는 종교철학을 소개하고 있다. 다음으로 종교에 대한 비판의 담론과 그에 대한 재비판의 담론을 전개한다. 그리고 종교에 있어서의 구제, 절대자, 신앙, 진리의 문제에 대해 논의하고 있으며, 나아가 현대라는 시대에서 종교철학이 가지는 의미를 천착하였다. 저자는 종교에 관하여 기초적인 내용부터 잘 전달하고 있을 뿐 아니라, 곳곳에서 날카롭고 의미심장한 문제 제기와 더불어 그에 대한 저자의 견해를 밝히고 있다. 국내에 이미 종교철학에 관한 서적이 나와 있음에도 불구하고 하카리 요시하루의 『종교철학입문』을 번역하게 된 것은 이 책이 가지는 이러한 장점 때문이었다.

본서는 무엇보다도 원문原文의 의미에 충실한 번역이 되고자 하였다. 다만, 본문에서 인용하는 성서聖書의 번역에 있어서는 국내 개신교에서 널리 통용되는 한글판 성경 중『성경전서 개역개정판』(대한성서공회, 2001)을 사용하였고, 다른 종교의 경전이 인용될 때는 저자의 일본어 원문을 우리말로 그대로 번역하였다.

끝으로 본서가 간행되기까지 여러모로 애써주신 어문학사 사장님과 편집실 직원 여러분들께 감사의 말씀을 드리면서 이 글을 맺고자 한다.

2009년 9월

김청균

참고문헌

* 일본어로 된 것을 든다.

전반에 관계된 것

『総合仏教大辞典』総合仏教大辞典編集委員会編, 法蔵館, 1988

『佛教語大辞典』(全三巻)中村元著, 東京書籍, 1975

『望月佛教大辞典』(全十巻)望月信亨著, 塚本善隆増訂, 世界聖典刊行協会,
　　　1954-63

『旧約・新約聖書大事典』教文館, 1989

『キリスト教大事典』教文館, 1968

『キリスト教神学事典』教文館, 2005

『キリスト教人名辞典』日本基督教団出版局, 1986

『イスラーム辞典』黒田壽郎編, 東京堂出版, 1983

第1章

『宗教哲学入門』パウル・ティリッヒ著, 柳生望訳, 荒地出版社, 1971

『純粋理性批判』イマヌエル・カント著

「岩崎哲学の体系」量義治著『限界学としての哲学』北樹出版, 1988

第2章

『ゴータマ・ブッダⅠ』中村元著, 春秋社, 1992

『ブッダの生涯』ジャン・ボワスリエ著, 木村清孝監修, 創元社, 1995

『仏教』M・B・ワング著, 宮島磨訳, 青土社, 1994

『バラモン教典・原始仏典』長尾雅人責任編集, 中央公論社, 世界の名著1,
　　1969

『大乗仏典』長尾雅人責任編集, 中央公論社, 世界の名著2, 1967

第3章

『聖書』新共同訳, 日本聖書協会, 1987・88

『新訳旧約聖書』(全4巻)関根正雄訳, 教文館, 1993-95

『イエスの生涯』ジェラール・ベシエール著, 小河陽監修, 田辺希久子訳, 創
　　元社, 1995

『キリスト教』S・F・ブラウン著, 奏剛平訳, 青土社, 1994

『キリスト教入門』矢内原忠雄著, 矢内原忠雄全集, 岩波書店, 第14巻, 1964

第4章

『コーラン』(全3巻)井筒俊彦訳, 岩波文庫, 1957・58

『コーラン』藤本勝次責任編集, 中央公論社, 世界の名著15, 1970

『コーランを読む』井筒俊彦著作集第8巻, 中央公論社, 1991

『ハディース』(全3巻)牧野信也訳, 中央公論社, 1993・94

『イスラム教』M・S・ゴードン著, 奥西峻介訳, 青土社, 1994

『予言者マホメット』ワシントン・アーヴィング著, 小柴一訳, 新樹社, 1991

第5章

『鈴木大拙全集』(全32巻)岩波書店, 1968-71

第6章

『波多野精一全集』(全6巻)岩波書店, 1949-69

第7章

『井筒俊彦著作集』(全12巻)中央公論社, 1991-93

第8章

『キリスト教の本質』(全2巻)フォイエルバッハ著, 船山信一訳, 岩波文庫,
　　　1937

『将来の哲学の根本命題』フォイエルバッハ著, 松村一人・和田楽訳, 岩波
　　　文庫, 1967

『マルクス＝エンゲルス全集』(全49巻)大月書店, 1959-91

『ニーチェ全集』(全16巻)理想社, 1962-70

第9章

『限界学としての哲学』量義治著, 北樹出版, 1988

『緊張－哲学と神学』量義治著, 理想社, 1994

第10章

『単なる理性の限界内における宗教』カント全集第9巻, 理想社, 1974

『人倫の形而上学』上掲全集第11巻, 1969

『宗教哲学入門』(上掲書)

第11章

『正法眼蔵 現代語訳』(全6巻)玉城康四郎著, 大蔵出版, 1953・54

『正法眼蔵随聞記』水野彌穂子訳, 筑摩書房, 1963

『「苦」を解き明かす』教学研究所編, 真宗大谷派宗務所出版部, 1985

『他力の救済』曽我量深, 文明堂, 1973

『他力救済の本質』雲村賢淳著, 文栄堂書店

『注解・フィリピの信徒への手紙』量義治著, キリスト教図書出版社, 1995

『注解・ガラテヤの信徒への手紙』量義治著, 理想社, 1995

第12章

「場所的論理と宗教的世界観」西田幾多郎全集第11巻, 岩波書店, 1988

「関根正雄先生の神観の特質」量義治著『緊張－哲学と神学』理想社, 1994

『神の言葉Ⅰ 神の啓示＜上＞三位一体の神』カール・バトル著, 吉永正義訳,
　　　新教出版社, 1995

第13章

『往生要集綱要』北畠典生著, 永田文昌堂, 1992

『法然全集』(全5巻)大橋俊雄編訳, 春秋社, 1989-94

『親鸞全集』(全5巻)石田瑞麿訳, 春秋社, 1985-87

『親鸞＜信の世界＞』加茂仰順著, 永田文昌堂, 1987

『親鸞の信のダイナミックス』寺川俊昭著, 草光舎／発売・星雲社, 1993

『一遍上人語録』岩波文庫, 1985

『聖書の信仰』関根正雄著, 関根正雄著作集第1巻, 新地書房, 1979

『信仰と人生』関根正雄著, 上掲著作集第3巻, 1980

『無信仰の信仰』量義治著, ネスコ, 1997

第14章

『宗教の哲学』ジョン・ヒック著, 間瀬啓允・稲垣久和訳, 勁草書房, 1994

『仏教とキリスト教』滝澤克己著, 法蔵館, 1964

『注解・ガラテヤの信徒への手紙』量義治著, 理想社, 1995

第15章

「現代における信仰」量義治著『無教会の論理』, 北樹出版, 1988

「宗教の現代的課題」量義治著『緊張－哲学と神学』理想社, 1994

「続・宗教の現代的課題」(上掲書)

「宗教を問う」量義治著『新・預言と福音』第43号(1996年 1月), 新・預言と
　　福音社

색 인

ㄱ

ㅎ

저자_ 하카리 요시하루(量 義治)

1931년 일본 가나가와 현(神奈川県) 출생.
도쿄대학 문학부 철학과 졸업.
현 사이타마대학(埼玉大学) 명예교수, 문학박사.

저서 : 『カントと形而上学の検証』(『칸트와 형이상학의 검증』), 『限界学としての哲
学』(『한계학으로서의 철학』), 『無教会の論理』(『무교회의 논리』), 『緊張−哲
学と神学』(『긴장−철학과 신학』), 『注解·フィリピの信徒への手紙』(『주해·
빌립보서』), 『批判哲学の形成と展開』(『비판철학의 형성과 전개』), 『無信仰の
信仰』(『무신앙의 신앙』), 『西洋近世哲学史』(『서양근세철학사』) 등.

역자_ 김청균

고려대학교 일본연구센터 HK연구교수.
고려대학교 일어일문학과 졸업.
일본 도호쿠대학에서 박사학위 취득.
전공은 일본근대문학, 비교문화론.

저서 : 『일본문학과 종교−시가 나오야(志賀直哉)를 중심으로−』
      (도서출판 문, 2009년도 문화체육관광부 선정 우수학술도서).
논문 : 「『あめりか物語』にみる文明批判−「市俄古の二日」を中心に−」
      (「『미국이야기』에 나타난 문명비판−「시카고의 이틀」을 중심으로−」) 외 다수.

묻는 철학, 답하는 종교

초판 1쇄 발행일 ǀ 2009년 9월 30일

지은이 하카리 요시하루
옮긴이 김청균
펴낸이 박영희
편집 이선희
표지 강지영
교정·교열 이은혜
책임편집 강지영
펴낸곳 도서출판 어문학사
　　　　132-891 서울특별시 도봉구 쌍문동 525-13
　　　　전화: 02-998-0094 / 팩스: 02-998-2268
　　　　홈페이지: www.amhbook.com
　　　　e-mail: am@amhbook.com
　　　　등록: 2004년 4월 6일 제7-276호

인 지 는
저 자 와 의
합 의 하 에
생 략 함

ISBN 978-89-6184-068-2 93100

정가 16,000원